ホンボシ

木原事件と俺の捜査秘録

警視庁捜査一課
殺人犯捜査第一係元警部補
佐藤誠
Makoto Sato

文藝春秋

ホンボシ

木原事件と俺の捜査秘録

まえがき

警察庁の官僚や警視庁の幹部から「お前は何を考えているんだ」「何をバカげたことをやっているんだ」「お前の正義は何なんだ、説明してみろ」という罵声が聞こえてきそうである。

これまで俺がやってきたことを振り返れば、「まあ、そうだよな」とは思う。
ただ、「お前の正義は何なんだ」という質問に対しては、シンプルにこう答えるほかない。

——正しいことを、行うこと。

今さらのように考えてみると、自分はどうやって「正義」を決めていたのだろうか。
「正義」というものを考えるとき、俺の脳裏には、以前観たアニメのワンシーンが思い浮かんでくる。

そのアニメの中では、余命僅かな男と正義感溢れる少年との会話が繰り広げられる。男は少年に、子供の頃の夢を語り始める。

「子供の頃、僕は正義の味方に憧れてた」

「なんだよ、それ。憧れてたって、諦めたのかよ」

「残念ながらね。ヒーローは期間限定で、大人になると名乗るのが難しくなるんだ。そんなこと、もっと早くに気付けばよかった」

「そっか……それじゃ、しょうがないな」

「そうだね。本当に、しょうがない」

男は、子供の頃、大切に想っていた女の子から「どんな大人になりたいの?」と聞かれ、恥ずかしくて答えられなかったことを回想しながら「本当に良い月だ」と呟く。すると、少年は力強くこう宣言するのだ。

「しょうがないから、俺が代わりになってやるよ! 爺さんは大人だからもう無理だけど、俺なら大丈夫だろ。任せろって! 爺さんの夢は……」

男は目を閉じ、この少年はこの日を忘れず歩んでくれるに違いない——と確信し、

「そうか……安心した」

と呟いた。心の中では、大切な女の子に答えようとした自身の言葉を思い返していた。

「僕はね、正義の味方になりたいんだ!」——。

正義の味方は期間限定で大人は名乗るのが難しくなる、という男の言葉は、何となくわかるようで、意味深でもある。

少年時代、誰しも一度はウルトラマンやスーパーマンのような正義の味方になりたいという夢を抱く。しかし、成長するにつれ、自分は変身することもできないし、空を飛ぶこともできないと気が付き、諦めてしまう。そして、大人になれば、夢は〝満了〟となり、

自然に消滅するのである。

「木原事件」に係わった俺も含めた大人たちには、心に秘めた「正義」があったし、胸のうちには、子供の頃に憧れた「正義の味方」が存在したはずだ、と俺は考えている。

しかし、残念ながら「正義」は期限切れとなり、大人たちが右往左往してしまったことで、事態はここまで拗れてしまった。

幸いにも、俺には、ほんの少しだけ子供の頃に夢見た「正義」が残っていた。だから、実名で告発し、記者会見に臨むことになったときも、

「ここは、残っている正義を貫き通すしかない」

「裏切り者と言われようが、偽善者と思われようが、俺には関係のないことだ」

「誰かに意見されても合わせる気など、さらさらない」

と思うことができた。

そして今、もし面と向かって「お前の正義は何なんだ？」と問われれば、きっとこう答えるだろう。

「子供の頃に憧れた〝正義の味方〟になりたいという素朴な気持ちですよ。あなたも、そうではないですか？」

「木原事件」の存在が明るみに出てから、1年が経とうとしている。

本書は、事件の捜査に携わった捜査員による〝真実〟の記録である。

まえがき

目次

まえがき 3

「木原事件」とは 8

第一章 2023年 告発 13

1本の電話／「誰が喋っているんだろう」／新聞の記者と文春の記者／誰がリークしたのか／きっかけは露木発言／弱い者イジメ／遺族と霊安室／実名告発／記者会見の「勝算」／読売新聞の質問／遺族が失ったもの／警察官の存在意義

第二章 2018年 捜査 47

ジョーカー／大塚署の「怠慢」／虚偽とも言える報告／Cランク／粘着テープの謎／Yに会いに行く／X子を任意同行／取調室の攻防と1枚の写真／ポリグラフ／ドライブレコーダーの映像／大きな決め手／もう一人の人物「Z」／上からの「圧力」／ラーテル

第三章 1983年 原点 103

悪の華／「ボロ雑巾」の日々／コンビニ刺殺事件

第四章　2004年　成果　117
大手広告代理店社員殺害事件／殺害の動機／知能犯の「息子」／荻窪の高齢女性殺人事件

第五章　2005年　時効　139
時効直前のある殺人事件／不幸な人生を送った男／自分の名前が書けた日／唐突な告白／頭を下げた検事／ポライト状態

第六章　2005年　監禁　161
「幽霊を見てみたい」／監禁王子事件／現実の世界とアニメの世界／「夜勤病棟」に憧れて／ホシの世界に入り込む

第七章　2006年　共感　181
料理人に「隠し味」を聞く／「東スポ」を読む理由／マブチモーター社長宅放火殺人事件／小田島鐵男の「土台」／競馬の話に乗ってくる／最後の質問／小田島から学んだこと

最終章　2024年　遺族　215
検察に出した「陳述書」／もう一人の提出者／警察官の倫理観

「木原事件」とは

週刊文春編集部

２００６年4月10日未明、東京都文京区の住宅で風俗店に勤務する安田種雄さん（享年28）が亡くなっているのが発見された。貸した車が返ってこないことを不審に思って訪ねた種雄さんの父親が遺体を発見し、警察に通報。管轄の警視庁大塚署が捜査にあたった。

事件当時、自宅にいたのは種雄さんの当時の妻・X子さんと2人の子供。X子さんは「私が寝ている間に、隣の部屋で夫が死んでいました」と供述した。その後、自宅から覚醒剤が入ったビニール袋が発見されたことから「覚醒剤乱用による自殺」とされ、大塚署は種雄さんの遺族にその旨を説明した。

それから12年後の２０１８年春。長らく未解決とされていた事件が動き出した。未解決事件を担当する警視庁捜査一課特命捜査対策室特命捜査第一係が中心となった40人規模の合同捜査チームが結成され、再捜査に着手する。

亡くなった種雄さんの妻だったX子さんは、２０１４年に自民党衆議院議員・木原誠二氏（後に岸田文雄政権で官房副長官）と再婚しており、２０１８年時点で種雄さんとの間の子供のほかに2児をもうけていた。

この合同捜査チームに参加したのが、警視庁捜査一課殺人犯捜査第一係、通称「サツイチ」の佐藤誠氏だ。佐藤氏は重要参考人だったX子さんの取調官を担当する。その後、X子さんは10回にわたって、佐藤氏の取調べを受けることになった。

だが、同年10月下旬、佐藤氏は突如、取調べの中止を告げられる。そして翌2019年5月には「一切もう何もやるな」と指示が下り、事件の捜査は事実上、打ち切られた。

2023年7月、「週刊文春」の報道によって事件の存在が明るみに出る。だが、露木康浩警察庁長官は7月13日の会見で「事件性は認められない」と発言。これに異論を唱えたのが、この時すでに警察官を退職していた佐藤氏だった。

「はっきり言うが、これは殺人事件だよ」

そして、佐藤氏は異例となる実名告発に踏み切るのだった――。

木原夫妻と事件に関する年表

2005年 9月	木原誠二氏、衆院選で初当選
2006年 4月10日	X子さんの夫（当時）安田種雄さんが遺体で発見される
2008年 春頃	木原氏が銀座で働いていたX子さんと出会う
2009年 8月	木原氏、衆院選で落選
2012年12月	木原氏、衆院選で2度目の当選を果たし国政復帰
2013年 9月	木原氏が外務大臣政務官に就任
2014年10月	X子さんが木原氏の娘を出産。この頃に結婚
2015年10月	木原氏が外務副大臣に就任
2017年 8月	木原氏、自民党政調副会長兼事務局長に就任
2018年 4月	警視庁が安田種雄さん不審死事件の再捜査を開始
4月 8日	遺族と大塚署の女性刑事が初めて顔を合わせる
7～8月	佐藤誠氏がサツイチの係長から取調べの要請を受ける
5～9月	宮崎刑務所に収監中のY氏を捜査員が約30回にわたり事情聴取
10月 9日	東村山の木原氏宅でX子さんに任意同行を求める。X子さんの実家と南大塚の別宅に家宅捜索
10月 9日	木原氏、自民党情報調査局長に就任
10月10日	X子さんへの佐藤氏の任意の事情聴取が開始
10月下旬	佐藤氏が上司である管理官から事情聴取の終了を告げられる
10月24日	臨時国会が開会
12月	捜査員が宮崎刑務所のY氏を再び事情聴取
2019年 1月	木原氏が南大塚の所有物件から衆議院赤坂議員宿舎に生活の拠点を移す
5月10日	東村山の定点観測の拠点が解除。捜査は事実上の中止に
2021年10月	岸田政権誕生。木原氏は内閣官房副長官に
2023年 7月 6日	週刊文春（7月13日号）が木原事件を報道
7月13日	露木康浩警察庁長官が定例記者会見で安田さんの不審死について「事件性は認められない」と発言
7月27日	露木長官の発言に憤りを覚えた佐藤氏が週刊文春（8月3日号）で実名告発
7月28日	佐藤氏が文藝春秋で記者会見。その後、遺族と初対面
9月13日	木原氏、内閣官房副長官を退任
9月22日	木原氏、自民党幹事長代理兼政務調査会長特別補佐に就任
10月18日	安田さんの遺族が「被告訴人不詳」で警視庁に刑事告訴し、再捜査を求める
10月25日	警視庁が刑事告訴を受理
11月16日	捜査一課が遺族を聴取
12月 5日	遺族が「上申書」を警視庁と検察庁に提出
12月15日	警視庁は、刑事告訴を受理してからわずか50日余で「事件性なし」として東京地検に書類送付
12月25日	遺族が東京地検の担当検事と面会
2024年 3月 5日	佐藤氏が東京地検に「陳述書」を提出

人物相関図

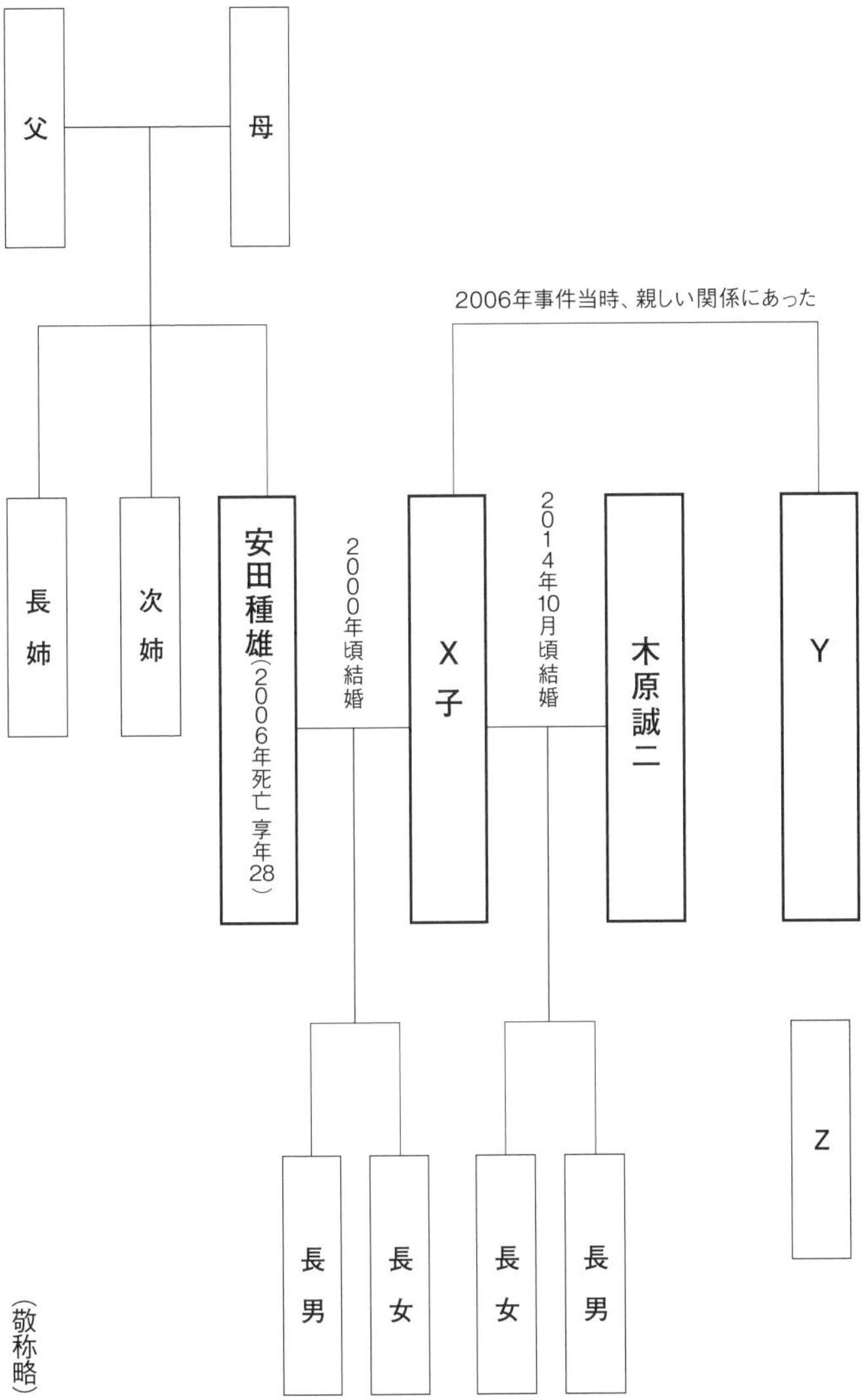

父
母
2006年事件当時、親しい関係にあった
長姉
次姉
安田種雄（2006年死亡 享年28）
2000年頃結婚
X子
2014年10月頃結婚
木原誠二
Y
長男
長女
長女
長男
Z
（敬称略）

カバー　松木直紀
装　丁　番　洋樹

第一章
2023年　告発

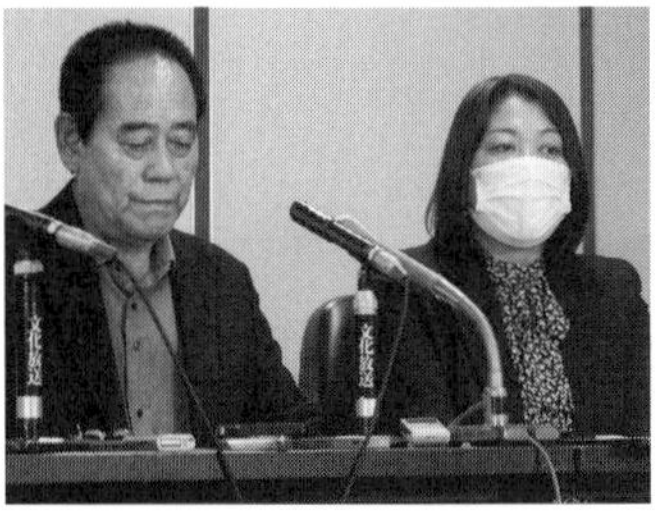

安田種雄さんの父と姉

亡くなった安田種雄さん

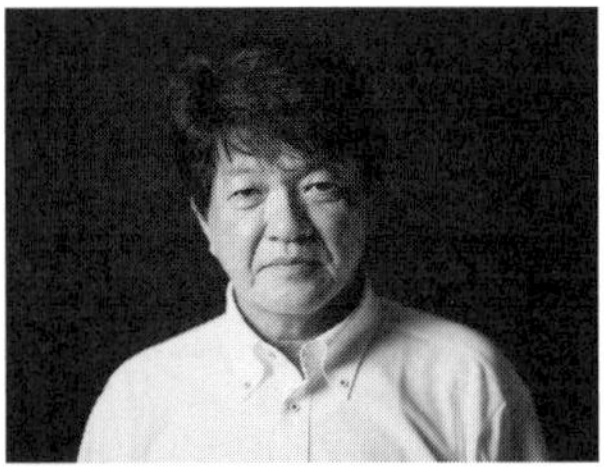

佐藤誠氏

露木康浩警察庁長官

木原誠二氏

1本の電話

「週刊文春」の記者から初めて接触があったのは、2023年の7月13日のことだった。記者は直接、俺のところにきたわけではなかった。以前、住んでいた家の隣人のもとを訪れて、名刺を置いていった、と連絡があったのだ。用件が何かはわかっていた。俺は文春にあの話をするべきかどうか、しばらく考えていた。

後に「木原事件」と呼ばれることになる事件を報じた記事が「週刊文春」に掲載されたのは、その1週間ほど前のことだった。

当時、すでに警察官を退職して1年が過ぎていた俺は、ときおり市役所の人材センターでアルバイトのような仕事をしていた。お金には困っていないから、旅行をしたり、パチンコに行ったり、しばらくのんびりしようと考え、毎日を過ごしていた。

そんな日々のなかで、刑事をしていた頃の記憶も、だんだんと過去のものになろうとしていた。ところが、文春に掲載された「木原事件」の記事は、そんな俺にとっても驚くべきものだった。というのも、警察内部の誰かがリークをしなければ、決して書くことのできない記事だったからだ。

記事は〈岸田最側近　木原副長官　衝撃音声「俺がいないと妻がすぐ連行される」〉と見出しを打ち、2006年に起きたある殺人事件——一度は「自殺」とされた殺人事件——

が、12年後に再捜査された際の詳細が報じられていた。

〈伊勢国の玄関口として栄えた愛知県名古屋市のベッドタウン。2018年10月9日、澄んだ空を射抜くように複数台のバンが商業施設に滑り込んだ。その日の最高気温は27度。夏の残り香が漂う中、後部座席を降りた警視庁捜査一課の捜査員らは、隣接する分譲マンションの4階を目指す。築12年、約80平米の部屋には、老夫婦がひっそりと暮らしている。捜査員の一人が手にしていたのは捜索差押許可状。そこには「殺人 被疑事件」と記されてあった。

「この日、家宅捜索が行われたのは、06年4月10日未明に覚知した不審死事件に関するものだ。本件は長らく未解決の扱いだったが、発生から12年が経過した18年春に、未解決事件を担当する捜査一課特命捜査対策室特命捜査第一係が中心となって再捜査に着手していた」(捜査関係者)〉……。

そう始まる記事を、俺は眼を皿のようにして読んだ。なぜなら、自分自身がその再捜査で重要参考人の取調べを行い、捜査にも深くかかわっていたからだった。

不審死事件の内容は次のようなものだ。

——2006年4月10日、都内の閑静な住宅街で、ある「事件」が起こった。その日、不審死を遂げたのは風俗店に勤務する安田種雄さん。警察に通報したのは、貸していたハイエースを深夜に返してもらおうと、その家を訪れた種雄さんの父親だった。

父親が種雄さんの家に着いたとき、玄関のドアは開いたままになっていた。電気の消えた2階の居間には種雄さんが横たわっており、寝ていると思った父親は「おい、この野郎。こんなところで寝たら風邪ひくぞ」と体を揺すって起こそうとした。ところが、足の裏に冷たいものが伝ったのを感じ、照明のスイッチを点けると、部屋は血の海になっていた。そして、眼下には、タンクトップを血に染めた種雄さんの遺体があった。

通報時刻は10日の午前3時59分。すぐに管轄である大塚署員が駆けつけた。その際、種雄さんの妻であるX子は子供2人と2階の奥の寝室で寝ていたといい、「私が寝ている間に、隣の部屋で夫が死んでいました」と供述した。

警察の当初の見立ては覚醒剤乱用による自殺ではないかというもので、その理由は、2階のテーブルと作業台の上に覚醒剤が入ったビニール袋が発見されたからだった――。

俺は「週刊文春」の記事を読みながら、「異様な終わり方」をしたこの事件をめぐる再捜査の様々な場面が脳裏に浮かんでくるのを感じた。

捜査はX子の聴取が行われていた２０１８年10月、国会が始まるタイミングで消え入るように終わった。俺は国会が閉会すれば再び捜査が開始されると思っていたが、結局、捜査が本格的に再開されることはなかった。

「誰が喋っているんだろう」

それにしても――と俺は思った。

「週刊文春」の記事はこの事件の捜査が辿った経緯を、あまりに詳細に伝えていた。何しろ、捜査を行っていた俺ですら5年が経ち、すでに記憶があやふやになっていたそれぞれの捜査の日付が、記事のなかでははっきりと正確に断定されている。そんなふうに日付を断定するのは、報告書や捜査官のメモなどの裏付けがなければ絶対にできない。

「じゃあ、誰が喋っているんだろう」

俺が知人から文春の記者の連絡先を伝えられたとき、電話をしようと考えたのは、そういう好奇心からだった。

そもそも、事件を報じた「週刊文春」の記事の存在を俺に知らせてくれたのは、捜査一課時代の上司だった栗本徹係長（仮名）だった。２０２３年7月初旬のことだ。

電話をかけてきた栗本係長は言った。

「文春読んだ？」

「いや、読んでいません。何ですか？」

「あの事件のことが載っている」

この時点では、俺はまだ「週刊文春」が事件を報じたことを知らない。すぐにYouTube

で雑誌の内容を配信している番組を見た。

「もしかして、リークしたのは栗本さんじゃないんですか？」

「違う。でも、何だか俺が疑われちゃっているみたいでさ」

警察内部でも、文春の記事は、すでにそれだけ話題になっていたという。

情報の出所はどこなのか。俺の見立てでは、後に岸田文雄政権で官房副長官を務めることになる自民党の木原誠二氏が、事件の参考人だったX子の夫であったことから、おそらく警視庁の管理官が自民党の幹部に説明した資料が漏れたのではないか、というものだった。政治家が絡んでいる案件では、上に「捜査を進めていい」という許可を取ることがあるからだ。その際に〝交換条件〟として、捜査の報告が行われる。だから、リークしたのは自民党の幹部か管理官なのではないか……。実際、この事件では捜査の中止が告げられた後も、上司から「資料を見せて欲しい」といった要求があった。

新聞の記者と文春の記者

自宅の隣に住んでいた知人から「文春の記者が来た」と連絡があったのは、栗本さんと電話で話をしてから数日後のことだった。

記者が行ったのは、昔の住所だ。その時点で、文春の記者は俺の新たな住所を突き止めてはいなかった。だから、記者が来たと伝えてくれた知人に連絡をして、名刺に記されていた記者の携帯電話を鳴らした。記者は「村岡正浩」という名前だった。

「もしもし、佐藤誠です」

と名乗ると、電話口の村岡記者はかなり興奮した様子だった。ずっと俺を探していたわけだから、まさか本人から電話がかかってくるとは思わなかったのだろう。

「いつ、お会いできますか？」

電話では細かな話までは踏み込まず、村岡記者とアポを取り、待ち合わせ場所を決めた。

「週刊文春」の記者と会う約束をして面会する前は、さすがに少し緊張した。

捜査一課にいた頃、情報を取りに来る新聞記者の夜討ち朝駆けを受けていたから、記者の扱いには慣れているつもりだった。だが、「週刊文春」の記者と会うのは初めてだった。

刑事時代の記者とのやり取りと言えば、相手は朝日や毎日、読売、産経といった新聞の社会部記者ばかり。

一課時代の俺は基本的に何も答えなかった。

「こんな俺みたいなペーペーのところに来たって何もないよ」

「無駄だからやめておけ」

だが、彼らも情報を探るのが仕事である。俺からあしらわれたとしても、日を改めて何事もなかったようにまたやってくる。

そのうちに顔見知りになった記者は、

「今度、人事がこうなりましたよ。課長は○○さんだそうですよ」

などと、向こうからそれとなく組織の情報を教えてくれるようにもなる。

そうなると、俺の方も「じゃあ、何か一つくらいは教えてやろうかな」という気分になるものだ。

「何も言えないけど、差し障りのない質問くらいならいいよ」

そう言うと、新聞記者は、

「この事件、今やってるんですか？」

と、聞いてくる。

「まあ、やってんじゃないのかなあ」

「どこですか？　サツイチ（警視庁捜査一課殺人犯捜査第一係）ですか？」

「いや、違うなあ」

そんなやり取りをした翌日、新聞に事件についての記事が載っていたりすると、「俺のせいかな」と思ったものだ。

刑事は取材を受けたとき、記者の名刺をきちんともらって、捜査一課の庶務に「○○日、××時頃に△△社の記者が来ました」と報告をしなければならない決まりになっている。大抵は「適当にあしらっておきました」と報告をするのだが、記者というのはしつこいものだ。何もない時でも家にやってきて、「いま、何をやっているんですか？」「特命でこういう事件をやっているのを知っていますか？」とカマをかけてくる。

「犯人が残した靴のメーカーは○○ですよね？」

と、情報を小出しにしてこちらの様子を窺うわけだ。

俺が「うう」と言葉に詰まると、

「あ、そうなんですね」

と、記者が言う。

「おまえ、察しろよ」

そのまま課長に同じ質問をしに行かれると困るのだが、記者というものは上手なもので、こちらが喋らなくても顔色で分かってしまうんだ。

ただ、俺が捜査一課時代にそんなふうに相手をしてきたのは、あくまでも新聞記者ばかりだった。「文春の記者」と聞くと、やはり得体が知れない。

「あのロス疑惑を報じた文春か……。相当な腕利きなんだろうな」

俺はふとそんなことも思い、面会の直前は、何とも言えない気分になっていた。

誰がリークしたのか

待ち合わせの当日、俺のところにやって来た村岡記者に俺は言った。

「俺が知っていることの中には、言えることと言えないことがあるよ」

「分かりました。佐藤さんの知っていることを教えてください」

「それは分かった。俺も少しは喋ってもいいよ。ただ、まずはこの記事についてリークしたのが誰かを教えて欲しい」

だが、そこは手練《てだ》れの記者だけあって、笑うばかりで口は割らなかった。

村岡記者は見た感じでは30代で、第一印象は「ずいぶん若いんだな」というものだった（だがその後、40代だと知ったが）。なんとなく、「こいつだったら誰がリークしたかも聞き出せるかな」とも思ったのだが、やはり相手もプロだ。何度か水を向けてみたが、「それは言えないです」と答えるばかりで、俺はすぐに情報を聞き出すことは無理なのだと悟った。

村岡記者はこれまで相手をしてきた新聞記者と比べても、がつがつしたところが全くなく、普通の人間だった。威張ることもなく、口調も穏やかで、感じが良かった。だが、事件でも「普通そうに見える奴」というのは、けっこう注意が必要だったりする。

俺の家がどこにあるのかを知った村岡記者は、翌日も翌々日もアポなしでやってきた。

当初、村岡記者は「木原事件」の犯人が、木原氏の妻であるX子であるという見立てを強く持っていた。だが、取調室で実際にX子とやり取りをした俺は、後述するが、その状況や印象から、X子がホシではないと踏んでいた。

「俺はそう思ってないよ」

村岡記者は俺が全くX子をホシだと考えていないことに、少し驚いたようだった。

「え？　そうなんですか？　じゃあ、誰なんですか？」

「いやあ、誰と言われても……」

そもそも、X子は事件のあった日の夜、当時の〝恋人〟だとされていたYという男に「種雄君を刺しちゃった。刺せって言うから」などと電話で話していた。だが、そんなリスクの高いことを、Yに対してX子が言うわけがない。X子には、Yにどうしても現場に来て欲しい理由があったと思われる。だが、「種雄君が自殺をした」「倒れている」と伝えた程度では、Yがやってこないと判断したのだろう、というのが俺の見立てだった。

後に俺は文春にその話をすることになるが、まだ知り合って日の浅い村岡記者には最低限のことしか言わなかった。俺の関心はまだ「誰がリークしたのか」にあり、事件についてどこまで話せばいいのか、測り兼ねるところもあったからだ。

そんななか、俺は露木康浩警察庁長官が7月13日の記者会見で語った耳を疑うような発言を知ることになる。会見から数日経ってからのことだった。

きっかけは露木発言

露木長官は会見で、「週刊文春」が報じた、いわゆる「木原事件」について――木原氏の妻・X子が2018年に警視庁から聴取されていたことについて――記者に問われると、次のように述べた。

「捜査等の結果、証拠上、事件性が認められない旨を警視庁が明らかにしている」

つまり、安田種雄さんの不審死は「自殺」であり今後の再捜査は行わない、と警察組織のトップである警察庁長官自らが語ったわけだ。

俺はこの言葉を聞いたとき、頭に血が上るような思いだった。

「何にも知らねえ癖に何を言っているんだ！」

露木長官には殺人事件の捜査経験はない。一方の俺は捜査一課で１００件以上の殺人事件の捜査に携わり、取調官として仕事をしてきたという自負がある。

俺の気持ちは露木長官の言葉を聞いて変わった。文春の記者に、知っていることは全て話そうと思ったのだ。俺は文春の記者に、こう言った。

「事件性の判断すらできないのか。はっきり言うが、これは殺人事件だよ。当時から我々はホシを挙げるために全力で捜査に当たってきた。ところが、志半ばで中断させられたんだよ。それなのに、長官は『事件性が認められない』と、事案自体を〝なかったこと〟にしている。自殺で片付けるのであれば、自殺だっていう証拠をもってこいよ。（文春の）記事では、捜査員が遺族に『無念を晴らす』と言っていたが、俺だって同じ気持ちだよ」

「あのとき捜査に関わった30人以上のメンバーは誰しも、捜査を全うできなかったことで今でも悔しい思いをしている。文春の記事を読めば、現役の奴らが並々ならぬ覚悟で証言しているのがよく分かるよ」

そして、露木長官に向けて、こう言ったのだ。

「これだけ事実を提示しても、露木長官は『事件性は認められない』っていうのか。俺が『捜査のイロハ』を教えてやろうか」――。

俺が事件について実名で告発した記事が掲載された「週刊文春」は、7月27日に発売された（8月3日号）。記事が出た直後、この俺の発言に対して露木長官が「俺が佐藤に捜査のイロハを教えてやる！」と周囲に語ったと、その後の「週刊文春」で報じられていた。

俺があえて「捜査のイロハ」という言葉を使ったことには訳がある。

7月13日の記者会見での露木長官の言葉を知ったとき、俺が真っ先に思ったのは、

「これは立件票交付事件で検察官も認知している事件だよ」

と、いうことだった。

立件票とは事件性が疑われる事案に際して検察官が交付するもので、必ず番号が付記される。立件票が交付されれば、警察は捜査を尽くし、事件性の有無を明記した総合捜査報告書を検察に送致するのだ。警察における「立件票交付事件」においては、その捜査結果を検察官が精査して「起訴」や「不起訴」を決定する。つまり、立件票交付事件で警察の側は事件を結論付ける立場にはない。そもそも「木原事件」では、露木長官の言うような「自殺」を認定する証拠は存在しない。

２００６年の4月10日に事件が発覚し、翌日に種雄さんの遺体の司法解剖が行われてい

る。種雄さんの遺体の「死体検案書」を俺は見ているが、「不詳の死」という項目に丸が付けられていた。事件性がない場合と事件性がある場合とでは、この解剖の段取りが全く異なる。検視官が「自殺」と判断した場合、「ああ、これはいいよ。事件性はないから行政だ」と行政解剖で死因を調べることになる。

一方で「事件性」がある場合は司法解剖が行われる。つまり、「木原事件」では検視官が司法解剖の必要性を認め、この段階で検察官が解剖のための「鑑定処分許可状」を取る。だから、4月11日の時点で、この事件はすでに「事件性がある」と判断されたことは間違いない。

7月28日の金曜日、俺は記者会見を開いた。実名告発記事が掲載された「週刊文春」が発売された翌日のことである。

記者会見では「俺は（証拠を）全部見たけど自殺の証拠はないよ」と言ったのだが、それは、俺はこの過程の書類をすべて確認していたからだった。もし、この事件が２００６年の時点で「自殺」と判断されたのだとしたら、死体検案書にもそう書いてあるはずだからである。

だが、死体検案書に書かれていた死因は「不詳」だった。これは「木原事件」に「事件性」があることの重要なプロセスなので、改めて、ここまでの流れを整理しておきたい。

種雄さんが不審死を遂げたのは２００６年4月9日の22時頃。翌日の午前4時頃に大塚署への通報があり事件が発覚する。そして、4月11日に事件は検察官の指揮下に入り、検察官が裁判所に鑑定処分許可状を請求。発付の後にそれが監察医務院に示され、種雄さんの解剖が行われた。

それと同時に検察官が大塚署に対して交付したのが立件票だ。

立件票は事件の捜査にとって極めて重要なもので、これが交付されたからにはたとえ証拠が乏しくても、警察署は捜査を尽くさなければならない。そして、捜査の末に警察側としての結論を出すことはできても、「殺人」や「自殺」を最終的に判断できるのは立件票を交付した検察官だけだ。あくまでも、「殺人罪」などを起訴、あるいは不起訴や起訴猶予といった判断が行えるのは検察だけなのである。露木長官の発言は、それこそ「事件のイロハ」であるこの事実を無視したものだといえる。

また、2018年の再捜査の際には、捜査本部（捜査一課殺人犯捜査第一係〈サツイチ〉と特命捜査課）のデスク担当数人が、関係先を捜索するための「捜索差押許可状」の請求に必要な「一件書類」を裁判所に持ち込んでいる。供述調書、実況見分調書、そして数十枚の写真などだが、なかでも重要なのはそのうちの解剖医による「鑑定書」と法医学者による「意見書」だ。

証拠班だけではなく、捜査本部の捜査員全員が着目したのは、種雄さんの遺体についたナイフの傷だ。種雄さんの死因は失血死で、遺体にはナイフを頭上から喉元に向かって刺したとみられる傷があった。ナイフは仰向けに倒れていた種雄さんの右膝のあたりに置かれていた。つまり、「自殺」とするならば、種雄さんが自らナイフを喉元に突き立てたうえで、それを自ら引き抜き、自身の足元に置く必要がある、ということになる。

当時、証拠班は豚の肉を用意して、ナイフで刺した場合の血の付き方などを細かく分析している。さらに、法医学者にも検証を依頼した結果、「事件の可能性が高い」という結論を得て、意見書を書いてもらっている。

この「一件書類」を裁判官が半日がかりで精査し、「事件性がある」という相当な理由が認められたため、捜索差押許可状が発付された。つまり、法医学者も裁判所も、２０１８年当時は「他殺の可能性が高い」と判断していたわけだ。

だがこの後、事件は唐突に捜査の終了を告げられる。

弱い者イジメ

露木長官の言葉を聞いて、俺は5年前の様々な記憶が怒りとともに胸に湧き上がってくるのを感じた。遺族が不憫でならなかったし、30人以上の捜査員たちのためにも腹を括らなければならないと思った。

捜査の過程で、俺は木原氏の妻・X子を重要参考人として10回は聴取し、関係場所にガサ入れもした。木原氏本人から怒声を浴びせかけられたこともある。

繰り返すが、立件票交付事件は警察の側が勝手に結論を出せない類のものだ。

警察が捜査を尽くした後、総合捜査報告書などの疎明書類を検察官に送致し、検察官が「事件性がある」「事件性がない」と判断する。それが立件票交付事件のルールである。

だからこそ、露木長官の「事件性はなく、適正に捜査し、自殺と考え矛盾はない」という発表は、捜査のイロハを無視した発言だ。事件を勝手に「自殺」と判断し、「事件性はない」と語る権利は露木長官にはない。事件は「立件票交付事件」であり、「検察官認知事件」であるから、彼にはそもそも最終判断をする権限がないからだ。仮に「事件性なし」と言い切るのであれば、その証拠とともに事件を検察庁に送致し、検察官がその判断をしなければばならない。

ましてや個別の案件について、警察が最終判断として「自殺」と公表することはあり得ない。そもそも自殺などの犯罪性のない案件は、検察庁に送致して終了となるだけで、検察庁も一切公表できない種類のものだ。よって、警察庁長官が「自殺」という結論を発表したことは、それ自体が「捜査上の秘密」を漏らしたことにもなるだろう。

警察庁長官という立場では本来は権限がないにもかかわらず、「事件性」を判断した露木長官の言葉は、遺族をことさらに傷つけ、2018年に捜査に力を尽くしていた捜査一課の警察官をバカにしていると俺は思った。

そして、俺が何より記者会見で腹に据えかねたのは、露木長官の言葉がまるで「弱い者イジメ」をしているように感じたからだった。これは俺にとって、警察官の信義にかかわる問題だった。「弱い者」とは、言うまでもなく被害者遺族のことだ。遺族にとって種雄さんという家族を失ったことが、どれほど辛く痛ましい経験だったことか。露木長官の言葉には、そんな彼らの気持ちを慮《おもんばか》る様子は一切見られなかった。

遺族と霊安室

この時の気持ちを説明するには、俺のような「現場」で育ってきた警察官と、露木長官のような「現場」を知らないキャリア官僚が、普段から何を見て、何を見ていないかということについて説明しなければならないだろう。

叩き上げの現場の刑事にとって、仕事の中でもっとも辛いのは、殺人事件や自殺した人の遺族と霊安室で会う時間だ。

露木長官にはそんな経験はないだろうが、自分が所属する警察署の管内で殺人事件や自殺事案が起きて遺体の身元が判明すると、俺たちは遺族に電話をかけることになる。

警察から電話を受ける遺族は「日常」の中にいる。

普段通りに電話に出た遺族に対して、「〇〇警察署の者です」と言う瞬間は、何度経験しても慣れることはなかった。ほとんどの場合、相手は電話の向こうで黙ってしまう。

そのとき、

「実は、本当にお話ししにくいことで申し訳ないのですが……」

と、切り出すときの気持ちを考えると、今でもいたたまれない。

例えば、亡くなったのがその家族の息子さんだったとする。そのことを伝えると、多くの遺族は最初、急に警察からかかってきた電話の内容を信じようとしない。しばらくお互いに沈黙が続く場合がほとんどだ。

なかには、イタズラ電話ではないか、と疑われることもある。

だから、俺たちは「警察に折り返し電話をください。あらためて説明します」と警察署の電話番号を伝え、遺族に電話をかけ直してもらう。

そうやって家族が亡くなっていることを伝え、「間違いないですか？」と繰り返し聞くだけでなく、遺族に対しては、警察署に来て確認をして欲しいという旨をさらに伝えなければならない。

「車では来ないでください」

俺たちは必ずそう念を押す。なぜならば、動転している遺族が交通事故を起こすことが怖いからだ。

そして、俺たちは警察署に来た遺族を霊安室に案内する。そこで足が動かなくなってしまう人も多い。顔に白い布を被せられた遺体を見ると、遺族は当然のことながら泣く。

俺の胸に焼き付いて離れないのは、顔にかぶせてある白い布を取り、遺体と対面した遺族の泣く声だ。それは「号泣」というよりも、「慟哭」と言うべき叫び声だ。

その間、俺たちは声をかけることもできず、ただただ下を向いたまま黙り、遺族の気持ちが落ち着くのを待つしかない。

遺族は亡くなった子供を必ず抱き、それからも泣き続ける。たとえ事故や事件後で血にまみれた遺体であっても、必ずそうするのだ。その度に、これが「人の死」が呼び起こす哀しみというものなのか、と思った。

俺は露木長官の会見での言葉を聞きながら、何度も見てきた、そんな光景を思い出さずにはいられなかった。

安田さんの遺族も、きっとそうだっただろう。父親や母親は息子の死に際して、姉たちは弟の死に際して、どれだけの涙を流しただろうか。

だが、露木長官は家族を失った遺族がどれだけ悲しむか、その悲しみがどのようなものかを知らない。人が亡くなることによって、どれほど遺族が悲しむかを彼は知らない。キャリア官僚である彼は、そうした場面を見たことがないからだ。だから、平気で「事件性はない」「自殺で矛盾はない」と平気で言えるのだ。

種雄さんの死を「自殺」と断定する彼の言葉には、そんな冷たさがあった。その言葉に、どれだけ遺族が傷つけられただろうか、と俺は思った。

それが許せなかった。露木長官の間違いを正したい、と本気で思った。

その後、俺は何度も電話で協力を頼んできていた文春の村岡記者に、知りうる限りの事件の内容を話した。そして、俺が実名で証言した記事には大きな反響があった。

実名告発

なぜ俺は実名で告発することにしたのか。その理由は、文春の記者が書いた、記事の次の記述に尽きる。

少し長いが、記事から引用したい。

〈佐藤氏に電話で再三協力を呼びかけたところ、深い溜息の後、感情を吐露したのだ。

「警察庁長官のコメントは頭にきた。何が『事件性はない』だ。あの発言は真面目に仕事してきた俺たちを馬鹿にしてるよな」

佐藤氏が言及したのは、その数日前の7月13日に開かれた、露木康浩警察庁長官の定例記者会見のこと。露木長官は、種雄さんの不審死について、こんなコメントを残していた。

「適正に捜査、調査が行われた結果、証拠上、事件性が認められないと警視庁が明らかにしている」

佐藤氏は一呼吸し、吐き捨てるように言った。

「事件性の判断すらできないのか。はっきり言うが、これは殺人事件だよ。当時から我々はホシを挙げるために全力で捜査に当たってきた。ところが、志半ばで中断させられたんだよ。それなのに、長官は『事件性が認められない』と事案自体を〝なかったこと〟にしている。自殺で片付けるのであれば、自殺だっていう証拠をもってこいよ。（文春の）記事では、捜査員が遺族に『無念を晴らす』と言っていたが、俺だって同じ気持ちだよ」

さらに佐藤氏の口から零れたのは、後輩たちへの偽らざる思いだった。

「あのとき捜査に関わった30人以上のメンバーは誰しも、捜査を全うできなかったことで今でも悔しい思いをしている。文春の記事を読めば、現役の奴らが並々ならぬ覚悟で証言しているのがよく分かるよ」

そして――。

「俺は去年退職して、第一線を退いた。失うものなんてない。職務上知り得た秘密を話すことで地方公務員法に引っかかる可能性がある、だ？　そんなことは十分承知の上だ。それより通すべき筋がある。現役の奴らの想いもある。もう腹は括った。俺が知っていることと、全部話すよ」

こうして〝伝説の取調官〟は、ポロシャツにチノパン姿で小誌取材班の前に現れた。粗野な口調には時に温かさが滲み、穏やかな眼光は時に鋭さを見せる。そんな佐藤氏への取材は、5日間、計18時間にわたった。

仲間たちが作った捜査資料を必死の思いで読み込み、全身全霊でX子さんと向き合った佐藤氏の記憶は、約4年9カ月が経った今でも詳細で鮮明だった。そして、そこから浮か

び上がったのは、驚くべき新事実の数々だった〉

記者会見の「勝算」

「木原事件　妻の取調官〈捜査一課刑事〉実名告発18時間　木原は『俺が手を回したから』と妻に…」と題された記事が掲載された「週刊文春」は7月27日に発売された。

同誌の竹田聖編集長と片岡侑子デスクから「実名で記者会見をしないか」という提案を受けたのは、その前日のことだ。俺はその提案を二つ返事で受けた。

記者会見に臨むに当たって、俺の頭の中にあったのは、「事件性はない」という露木長官の見解に議論を呼び起こすということだった。

まず、この事件が「立件票」が交付された「事件」であること。それを俺が実名で伝える。そのことによって、露木長官と俺の「どちらかが嘘をついている」という状況を作り出せるだろう、と考えたのだ。

俺には勝算があった。それは、俺が警視庁の元警部補として実名で記者会見を行い、事件に関する情報を喋れば、その行為について「地方公務員法違反の〝秘密の漏洩〟に当たる」という声が上がるだろう、ということだった。

なぜ、地方公務員法違反が「勝算」になるのか？

それは、この事件に関する「秘密」とは何かという問題に関係しているからだ。

俺が地方公務員法違反に問われるケースとは、安田種雄さんの事件に関する「秘密」を喋った場合である。

改めて言うまでもないことだが、俺はこの事件は殺人事件だと考えている。その前提で「週刊文春」の取材にも応じているし、記者会見にも臨んだ。

一方の警察トップである露木長官は「事件性はない。適正に警視庁が捜査」したと語っている。

事件を巡って、俺と露木長官は、そもそもの前提が異なっているわけだ。

7月28日の記者会見で、俺は「この事件には事件性がある」ということを繰り返し述べた。その俺の話が警察の捜査情報＝「秘密」であり、地方公務員法違反に当たるというのであれば、それはすなわちこの事件が「自殺」ではなく「殺人」だと認めることになる。俺を地公法違反で摘発する代わりに、露木長官は「事件性はない」という発言を撤回し、捜査を再開せざるを得なくなる。

これが記者会見を行った目的の一つだった。

逆に恐れていたのは、記者会見で「なぜそんなでたらめを言うのか」と記者に質問されたり、警察庁から「長官が『事件性がない』と正式に発表しているのに、なぜ佐藤は嘘の会見を開くのか」というコメントが発せられることだった。その場合、露木長官が「真実」を言っていることになってしまい、俺は存在しないでっちあげの事件について語っていることになってしまう。

そんなことを考えながら、俺は記者会見の当日を迎えた。

読売新聞の質問

前夜に文春の関係者とともにリハーサルを行った俺は、一度、自宅に戻って翌朝に会場へと向かった。

記者会見は13時からだったが、会場には、開場前から多くの報道陣が並んでいたという。結局、用意した机と椅子の数が足りず、会場の外に複数のモニターを設置し、中に入れない人たちはそれを見ていた。

会場に足を踏み入れると、一斉にフラッシュが焚かれた。束ねられた沢山のマイクの前に、俺は座った。

「週刊文春」編集部のYouTubeチャンネルが会見の様子を配信していたが、同時視聴数は10万を超えたという。それだけ注目度は高かった。

だが、不思議と緊張はしなかった。自分のすべきことをすればいい、と腹を括っていた。はたして、記者会見は俺の目論見通りとなった。読売新聞の記者が、「(地公法の) 守秘義務に違反するのではないか」と質問をしてきたからだ。

きたか――。内心、俺はそう思っていた。

この記者も俺が「でたらめ」を言っているのではなく、捜査の中で知り得た「真実」を話していると判断したわけだ。その問いは、俺が語っている「事件性あり」という主張を、記者が受け入れたことを意味していた。

露木長官が「事件性なし」という「嘘」をついたとなれば、そこには様々な「罪」がある。犯人の発見や身柄の確保を「事件性なし」という発言によって妨げたのであれば、刑法第103条の犯人隠避罪に当たる。この事件では木原氏の「関与」があったと言われているが、もしそうであれば、犯人と疑われる者は露木長官の立場から見て何らかの人間関係があることになる。もし仮に、木原氏の家族が捜査の対象になったり、検挙されたりすることを避けたいという意図が露木長官の発言の背後にあるのだとすれば、犯人隠避罪が妥当だと俺は思う。

また、仮に事件性がないとするならば、警視庁が検察庁に「立件票」を送致する前に、捜査上で知り得た秘密（＝事件性はないと判断したこと）を露木長官は公表した。「事件性はなく、自殺」と判断した案件を警察が公表することは基本的にあり得ない。公益性がないからだ。露木長官は「公益性のない秘密」を公表したのだから、国家公務員法違反に当たる可能性もある。露木長官の発言には、こうした「罪」の可能性があることを考えれば、俺は自分が会見を行ったことは「公益通報」の一種であったと今も明確に考えている。

当初の1時間半の予定を過ぎて、会見は終わった。多くの質問に俺は答えることになったが、「やるべきことをやっただけだ」という淡々とした気持ちだった。

その日の会見終了後、初めて安田種雄さんの遺族と会った。種雄さんのお父さん、お母さん、お姉さんの３人は、会場の別室で、記者会見をモニターで見てくれていたという。

「取調官の佐藤です。捜査の基本はやっぱり被害者なんですよ」

と、俺はまず挨拶をした。すると、種雄さんのお姉さんがこう言った。

「そう言っていただいて、本当に心が楽になりました。そういう対応をされたことがなかったので」

「そこまで感謝する必要はないですよ。ただ、17年前の事件なので、証拠が乏しかったのは残念です。捜査というものは、過去の再現です。証拠で過去を再現しなきゃいけないんですよ。その証拠を見て過去が再現できるか。となると、供述だけでは難しいんです」

続けて俺は事件に対する自分の見立てを話した。

「これはね、背景にあるのは離婚、そして２人の子供の親権争いだと思うんですよ」

すると、お母さんが「それ、ありました……」と言った。

「種雄が子供たちを引き取るって言っていました……。『お母さん面倒見て』って」

お姉さんも言う。

「そんなので自殺するはずがないですよね」

そして、お父さんがこう声を絞り出した。

「いまだに、あいつ（種雄さん）が死んでいるのが、しっくりこないんです」

安田さん一家と話しながら、俺は刑事時代に何度も見てきた犯罪被害者遺族のことを思い出していた。

「被害者の方はずっとそんな気持ちを抱き続けるものです。泥棒や詐欺を捕まえるのは金とかの話ですが、命を扱うとなるとね、やっぱり被害者が大事なんです」

俺の記者会見には大きな反響があったと文春の人たちは言っていた。現役の捜査員たちから電話がかかってくるかな、と思ったが、結局、誰ひとりとして俺に連絡をしてくる警察関係者はいなかった。おそろしいほど、静かだった。

遺族が失ったもの

安田種雄さんが亡くなったのは2006年。遺族の17年間は、どれほどつらいものだったろうか。

種雄さんの遺族は警察から、2006年時点で種雄さんは「自殺」だったと告げられた。だが、2018年に大塚署の女性刑事が事件を掘り起こし――俺はその捜査班にいたわけだが――再捜査が行われることになった。遺族はこのとき、大きな希望を抱いたことだろう。「週刊文春」7月20日号では、2018年に大塚署から再捜査が告げられた時の遺族の様子が次のように書かれている。

〈空調設備が放つ無機質な音だけが流れる室内に、堰を切ったように慟哭が響き渡る。5分以上続いた後、長く重い沈黙が時を刻む。警視庁大塚署の殺風景な部屋で遺族と向き合った女性刑事が差し出した名刺には「刑事組織犯罪対策課強行犯捜査係長」と記されていた。以前の部署は警視庁管内に100件以上存在するコールドケース（未解決事件）を担当する捜査一課特命捜査係だ。彼らが初めて顔を合わせたのは2018年4月8日のことだった。

「お母さんにとっては衝撃的な写真だと思うので。お父さん、ちょっとこっち来てもらっていいですか」

そう言って女性刑事が提示した複数枚の写真。父が亡き息子の最期の姿を見るのは、約12年ぶりだ。父は嗚咽し、時に呼吸を荒らげ、絶望を前に足掻き苦しむ。小誌が入手した約160分の録音データには、こうして始まった再捜査の様子が記録されていた。

（中略）

女性刑事「捜査は尽くされていないので、少なくとも。結果はどっちに転ぶか、ちょっとそれこそ捜査をしてみないと分からないんですけど、でも終了しているとは思えないので、それをちょっと再開させていただきたいと思っています」

母「よろしくお願いします」

音声では、刑事が事件について、本格的に証拠集めに乗り出している様子が分かる。

女性刑事「お母さん、へその緒、持ってます？　種雄さんの。種雄さんのＤＮＡ取れるものって何かありますかね」
父「担当の刑事が、検察に『もっと捜査しろ』と言われたらしい」
女性刑事「まぁ言われるだろうなと思いますね。（中略）こちらがもっと早く手を付けなくてはいけなかったんだと思います」
さらに、18年10月には刑事の一人が安田さんの友人に聴取。録音データの冒頭には、こんな発言があった。
刑事「12年経って『もう一度捜査をきちんとしよう』と。まず『事件性があるのではないか』ということで捜査をしている」
当時、安田さんとＸ子さんの２人の子供は16歳と14歳。友人が子供たちへの影響を懸念すると、
刑事「我々が捜査をする糧といいますか、それは当然被害者なんですよね。亡くなった方の無念。ここで死ぬはずがなかった。明日があった。未来があった。あの日、あのときにそれが奪われてしまった。こんな無念なことはないと思うんです。その無念を晴らせるのが我々警察しかいない」
刑事は「結論、出さないといけない」「事件だとしたら犯人（を検挙する）、というのは当然。法治国家ですので」と語る。それらの録音データから浮かび上がるのは、彼らが事

件の解決に向け、並々ならぬ熱意を漲《みなぎ》らせている様だった。安田さんの父が証言する。

「刑事さんは『これは殺人事件ですね。無念を晴らします』と。『全て解決したら一緒に一杯飲みましょう』なんて話していた」〉――。

だが、こうして始まった再捜査は、わずか8カ月後の2018年の12月に唐突に終わった。遺族はその際、何の具体的な説明も受けなかった。「立件票」も宙に浮いたまま放置され続けてきた。従来の捜査の「終わり方」として、長く刑事一課にいた俺も聞いたことのない「異常」、いや「異様」な出来事だった。

なぜ、このようなことが起きたのか。

すでに述べた通り、「立件票」が交付された「事件」では、他殺であっても自殺であってもこの立件票と捜査結果を検察官に送致しなければ「事件」は終わらない。それがルールだ。

犯人が分からない場合であっても、捜査が終了する際は家族班が遺族に対して、「捜査の結果、起訴されました」「調べた結果、事件性はありませんでした」と説明する必要がある。捜査を尽くしても犯人が分からず、捜査が縮小される場合でも、その理由や経緯は遺族に説明される。「コールドケースとして今後は扱われることになる」と伝える。それが従来のやり方だ。

「事件」というものは、どのような形であっても、そのように「締め」があって初めて終わるものなのだ。だが、種雄さんのケースでは唐突に捜査の終了が現場に告げられ、遺族に対しては何の説明もなされてこなかった。捜査のルールが完全に無視されているわけだ。

当然、遺族は納得するはずがない。それだけではなく、遺族の権利がないがしろにされてしまったことも問題である。

殺人事件で家族が命を落とした場合、遺族は「犯罪被害者等給付金制度」の対象となる。申請できる期間は7年間であり、遺族給付金では最大で数千万円の給付金が出る可能性がある。もちろん自殺の場合は出ない。種雄さんの遺族の場合、２０１８年の再捜査の時点ではすでに権利を失っているが、そもそも大塚署がちゃんと当初の捜査をしていれば、この権利を失うことはなかったのだ。

事件を放り出した上で遺族の気持ちを踏みにじり、権利を奪い取り、挙げ句の果てには事情を知りもしない警察庁長官が「自殺」と公の場で言い切ったことで、安田さん家族はどれほど苦しんだのか。

会見の日、種雄さんの母親は泣きながら俺にこう言っていた。

「あの子は自殺するような子じゃないんです」

泣き崩れる母親の姿を見て、俺は露木長官への怒りがさらに自分の中で湧き上がってくるのを感じた。

警察官の存在意義

そもそも、警察官の社会的な役割とは何か。正義とは何か。俺は次のように考えている。

警察官の仕事とは、人々の「日常」を守ることだ。

警察には様々な部署がある。刑事課、交通課、生活安全課、警備課や地域課……。そのどれもが担っているのが、人々の「日常」を守るという仕事だ。毎日、子供が学校に行って帰って来る。父親や母親が仕事に行き、家族で食卓を囲む。

そんな当たり前の「日常」が侵害されないように日々、仕事をこなし、侵害者がいたならば、速やかに検挙すること。それができないのであれば、警察官に存在意義はない。殺人事件はその「日常」が壊される最たるものだ。

だから、警察官であった俺は、間違ったことに遭遇したとき、そこから目を背け、間違いを隠そうとする人間を躊躇なく糾弾したいと思う。「優しさ」「まごころ」「慈しみ」のない正義というものはない。不正を認知しているにもかかわらず、なお、沈黙する者は「不正の共犯者」と言っていい。俺にとって「事件性はない」と平気で言った露木長官が、まさにそれだった。

「事件」によって「日常」が壊された安田さん家族を前にしながら、俺の脳裏には、「異様」な形で突如終了した２０１８年の再捜査の記憶が甦ってきていた。

第二章

2018年　捜査

ジョーカー

俺が「木原事件」の捜査に加わったのは、2018年7月頃のことだった。

当時、俺は都内で起きた評論家の西部邁さんの自殺幇助事件を担当しており、その捜査が一段落ついたところだった。

この事件では自殺を手助けしたテレビ局の局員と付き人が逮捕され、俺が取調官として取調べを行った。本来、捜査一課殺人犯捜査第一係（サツイチ）は自殺幇助の捜査には手を出さないが、この事件では社会的影響力の大きさから俺たちが投入されたという経緯があった。

その後、俺は「特命（特命捜査課）に行ってくれ」と言われ、しばらく行方不明事件の捜査に当たることになった。特命の課長が当時、殺人の一係、二係、四係からエース級の捜査員を引っ張ったからだ。

俺はこの人事を受けたとき、「あ、助かったな」と思った。

特命は、殺人係よりは呼び出しがないので、少しほっとしたのだ。

というのも、サツイチでの仕事はとにかく忙しい。

事件の捜査が始まると10日間は家に帰れないこともざらにある。警察署の上にある道場に布団を敷き、冬ともなれば凍えながら寝るのが当たり前の生活になる。だから、特命に異動となれば、「しばらくはストレスの少ない職場で気持ちを休めることができる」という思いだったのだ。

サツイチの栗本徹係長（仮名）から連絡を受けたのは、そんなほっとした気持ちでいたときのことだった。

栗本係長は俺が「殺八」にいたとき、警部補として昇任してきた人だ。

もともとは調べ官をやりたかったと聞いているが、殺八では俺がずっと調べ官だったので彼はデスクをやっていた。もう十数年の付き合いになる彼は、係長になってからも、俺をずっと取調官として使ってくれていた。長年にわたって様々な事件をともに担当してきた信頼関係がある人だ。

栗本係長は俺にこう言った。

「誠さん。申し訳ないんだけれど、〝例の件〟の取調べをやってくれないかな。誠さんしかいないんだよ。合流してくれないか」

〝例の件〟というのが、後に「木原事件」と呼ばれるものだった。

俺はこの時点で自民党の衆議院議員である木原誠二氏のことは名前は知ってはいたが、最初はあまり乗り気ではなかった。だから、後輩に経験を積ませるのがいいんじゃないか、と言った。しかし、栗本係長はこう言った。

「いやあ、でも、やっぱりこれは勝負かけなきゃいけない事件だよ」

そう言われてしまえば仕方がない。

そこで、俺は２００６年当時の捜査資料を読み込んだ。読み終えた際の感想は「これはかなり厄介な事件だな」というものだった。

というのも、資料を読む限りでは決定的な「ジョーカー＝証拠」がなかったからだ。例えば、犯行に使われたナイフに指紋がしっかり残っているとか、あるいは「誰かが目撃されている」という証言でもあれば……。

しかし、それらが資料には何も残されていない。明らかな証拠がなければ、俺たちはジョーカーを切れない。

「栗本さん、これ資料を読むと大変ですよ」

「分かっているけど、もう捜査がここまで来ちゃっているんだよ」

そうして栗本係長は「捜査班に合流してほしい」と言い、俺は事件の参考人である木原氏の妻・X子の取調官をやることになった。

X子が重要な参考人となったのは、28歳で亡くなった当時の夫・安田種雄さんの死亡時刻に現場にいたYという男の証言があったからだ。

雑誌でモデルをしていた種雄さんが2歳年下のX子と結婚したのは、２００２年のこと。同年には長男が生まれ、２年後には長女も生まれた。２人はX子の父親の持っている家に家族４人で暮らしていた。

そんななかで現れたのが、2人が趣味にしていたフリーマーケットを通じて知り合ったYだった。種雄さんとX子の夫婦仲はその頃には壊れ始めていたのか、X子はYのもとに子供を連れて行くようになった。時には1カ月以上、子供とともに姿を消すこともあり、種雄さんは「離婚しても子供だけは引き取りたい」と言っていたという。

そして、2006年4月9日に事件は起こった。

「X子が（東京近郊に住む）Yの家に荷物を置いている。明日、取り戻しに行くんだ」

種雄さんは、後に彼の遺体を発見して警察に通報する父にそう言い残し、実家のハイエースを借りていった。

翌日、種雄さんはYと一緒にいたX子と子供たちに会い、言い争いの後、妻子を自宅に連れ帰っている。種雄さんが不審死を遂げたのはそのすぐ後のことだった。

——事件の資料を読みながら、俺は「これはX子に喋ってもらうしか方法がない」と思った。栗本係長も同意見だったが、ここで大きな問題となったのが、X子の現在の夫が国会議員の木原氏であることだった。

X子は種雄さんを亡くした8年後、木原氏と出会って再婚していた。警視庁が事件の再捜査を検討し始めたとき、木原氏は自民党政務調査会副会長兼事務局長という肩書で、要するに与党の政策立案を担うポストに就いていた。

そこで特命捜査第一係の係長と特命捜査対策室長は当時の小林敦捜査一課長に対して、

「政治絡みの案件になるのでサツイチを入れて欲しい」旨を上申したという。そうして俺は栗本係長から捜査本部への合流を頼まれたというわけだ。

「うーん。これ、X子は何も言わないんじゃないの？　いまは政治家の妻だろう？　これはかなり厳しいんじゃないですか？」

俺がそう言うと、栗本係長は、

「いや……。わかっているんだけど、喋ってもらうしかないよ」

「……わかりました」

そうして都内某所に設置された捜査本部に行った時は驚いた。何しろ特命班、殺人班、大塚署を含めて30～40人近くの捜査員が本部に詰めていたのだから。これは特別捜査本部並みの人数で、俺の捜査一課での18年間の経験でもあまり見慣れない規模だった。

もちろん、これだけの規模でサツイチまで入った案件が「事件性がない」なんて話は聞いたこともない。

大塚署の「怠慢」

２００６年4月に起こったこの事件が、12年も経って再捜査が行われることになったのはなぜか。

その原因は、大塚署の「怠慢」に原因があるように俺には思えた。

「週刊文春」の記事では、大塚署のある女性刑事が都内に100ほどある「コールドケース」（未解決事件）の中で、大塚署管内で発生したものを掘り起こしたことが、再捜査のきっかけになったと報じられている。彼女は種雄さんの傍らに置かれていたナイフの不自然な血の付き方に疑念を抱き、2006年の時点で「自殺」とした署の判断は間違いではなかったのか、と考えたと記事にはある。

だが、実際には大塚署が事件当初、この事件を「自殺」と独自に判断するのはあり得ないことだ。

というのも、この事件はすでに書いた通り、「立件票交付事件」であったからである。立件票が交付された事件である限り、大塚署の捜査の段階で自殺と認定することも、ましてや事件を隠蔽することも不可能なのだ。

よって、遺族に対して当時、大塚署が「自殺」という判断を伝えたという話はにわかには信じ難いものがある。種雄さんの遺体の近くからは覚醒剤が見つかっていたため、それを以て「自殺だろう」と大塚署が安易に判断を下し、立件票を「放置」することにした可能性はあるが……。

だから、大塚署が独自の判断で遺族に遺体の解剖前に「自殺」と説明することは、本来であればあり得ないことなのである。立件票交付事件のこうしたプロセスを知っている刑事が、遺族にそんなことを伝えるはずがないと俺は思う。そして、この事件では立件票が検察官に送致されていないのだから、事件はまだ未解決ということになる。

そもそも、一般的に「コールドケース」と呼ばれる未解決事件は、殺人などの疑いが強い事件の捜査を一課が担当しても、証拠不十分などの理由で「捜査継続中」となった場合のことだ。

おそらく事の真相は、大塚署の女性刑事が「自殺を殺人と疑った」のではなく、単に大塚署が処理を面倒くさがって12年間〝塩漬け〟つまり怠慢で放置され、立件票が交付されている事件を見直しただけではないだろうか。俺はそう思った。

実際、報告書を作成して検察官に送致する立件票の処理は、現場にとっていつも問題になるものだった。事件によっては報告書が作られないまま、担当者の異動などで送致が先延ばしになってしまうことがあるからだ。

俺も転勤した際に、元いた署に来た係長から、

「佐藤さん、あの立件票残して行ったでしょう。勘弁してよ。あれ、俺がやるの？」

と、言われたことがある。

そして、俺はこう言い訳した。

「悪い。俺がやろうと思っていたら突然転勤になっちゃったんだ」

警察内部ではこんな会話が行われているのだ。

だから、「木原事件」の立件票も大塚署で処理が先延ばしになっていたもので、いわば署

の「怠慢」こそが、12年もの間事件が冬眠していた理由ではないかと思うのだ。

だが、「木原事件」は資料を読めば読むほど、大塚署が初動の捜査でミスをしたことは一目瞭然だった。

現場は血だらけで、凶器のナイフは刃に少しだけ血痕が残り、死体の横に置かれ、柄の部分は綺麗な状態——大塚署の女性刑事が「誰かが血糊を拭きとったのだろう」と考えたのは当然だ。

それに、種雄さんは覚醒剤をやっていたとはいえ、自殺する動機がない。何しろ彼は死の前日にX子と子供たちをYのもとからやっと取り戻したばかりなのだ。Yの自宅で壁をバンバンと叩いて2度も110番通報されたにもかかわらず、それでも子供たちを奪還したという証言もあった。それだけの騒ぎを起こしても諦めずに子供を連れて家に戻った男が、あっさりと自殺する動機などないはずだ。

大塚署のこの「初動の怠慢」について、俺の考えをさらに掘り下げて書いておきたい。

最大の問題は、事件のあった前後の種雄さんの自宅周辺の防犯カメラの映像を大塚署が集めていなかったことだ。大塚署はX子などの調書を取っているにもかかわらず、なぜか防犯カメラ映像の回収は行っていなかった。

これは捜査員であれば、最初にやるべきだとされる作業だ。だから、俺は2018年に再捜査に加わったとき、真っ先に、

「防犯カメラはあるんですか？」

と、聞いた。

ところが、大塚署が映像を集めていないと言う。

（じゃあ、どうやって特定するんだよ）

と、俺は内心で思った。

もし大塚署が捜査の初動において、種雄さんが帰ってきてからYがやって来るまでの6時間の防犯ビデオを押さえていれば、そのとき家に入った人間を特定できたはずだ。第一発見者で通報した種雄さんの父親は「風呂敷のようなもの」を背中に抱えていた不審者を目撃した、と警察に語っているが、その人物も特定できただろう。

種雄さんの不審死事件には複数の容疑者がいたわけだが、それぞれのアリバイだって証明できた。

「週刊文春」の報道によれば、木原氏は捜査員に対して「２００６年当時に捜査してくれていたら、結婚もしなかったし、子供もいませんでしたよ。どうして、そのときにやってくれなかったんですか！」と言ったという。

この言葉には俺も同感だ。

もし捜査の初動で防犯カメラの映像さえ集めていれば、この事件は3日もあれば解決できた事件だったのではないかと俺は思っている。なぜ12年もの間、この事件が「冬眠」することになったのか、という問いの答えは「大塚署の初動の問題があったから」と俺は考えていたわけだが、それをより詳しく説明するには、警察側から見た事件の伝達状況をあらためて確認する必要があるだろう。

虚偽とも言える報告

事件の伝達状況は次のようなものだった。

２００６年４月９日、22時00分頃に種雄さんが死亡する事件が発生した。

翌日の午前４時00分頃、種雄さんの父親が１１０番通報を行う。１１０番通報は必ず警視庁の通信指令本部に送られる。この場合は重要事案である「変死事案」として入電した。その後、通信指令本部が行うのは、大塚署の宿直に指令を出し、捜査一課の宿直にも同報を入れることだ。

――ここまでは「変死事案」の対処ルールに則った流れだ。都内で発生した「変死事案」については、それが病死であっても自殺であっても、通信指令本部から同報として必ず捜査一課の宿直に報告されるのである。

変死事案の指令を受けた大塚署の刑事課の宿直員は、その後、事件発生現場に臨場する。大塚署の署員によって「事件性の有無」「状況」「捜査一課への臨場要請」などを捜査一課に対し、連絡しなければならないことになっているからだ。

つまり、種雄さんの父親からの110番通報の内容は、4月10日時点で大塚署だけではなく捜査一課も認知していた、ということになる。

それからの流れは次の通りだ。

大塚署の宿直員は臨場を終えた後、事案の詳細を書類にまとめ、「死体観察」の詳細を捜査一課に宛ててファックスで送る。さらに、事案について「事件性あり・なし」といった判断を行い、捜査一課と鑑識課（検視官含む）による臨場の必要性の有無を判断して報告しなければならない。

だが、ここで疑問が生じる。

種雄さんの「変死事案」はすでに繰り返し指摘してきた通り、どう考えても「自殺」と断定できるようなものではなかった。

種雄さんの遺体にはナイフで頭上から胸元に向かって刺されたと思われる傷があり、死因は失血死だ。しかも、ナイフは仰向けに倒れていた種雄さんの右膝のあたりに置かれていたのである。

なぜ、大塚署の宿直員はそのような「現場」を見たにもかかわらず、捜査一課に対して臨場要請を行わなかったのだろうか。

なぜ、大塚署の宿直員はこの事案を「事件性はなく、自殺である」などと、虚偽ともいえるような報告をしたのか。

なぜ、当時の捜査員や宿直責任者は正確な状況を捜査一課に報告せず、臨場要請をしなかったのか。

なぜ、捜査一課の宿直員は大塚署から送られてきた「死体観察メモ」を見て疑問を感じなかったのか。

複数の疑問が浮かんでくる。

大塚署の宿直員は「現場」を見て事件性があると考えたにもかかわらず、種雄さんの父親や捜査一課に対しては、「事件性はない」と虚偽の事実を報告していたのではないか——こうしたことが、そこからは窺える。

大塚署の初動捜査が抱えている大きな問題は、２００６年から２０２３年まで、事件が紆余曲折するに至った理由に直結している。

その後、4月11日に検察庁から「立件票」と「鑑定処分許可状」が交付され、種雄さんの「司法解剖」が行われている。結果は極めて他殺の可能性が疑われる「不詳の死」であり、これは「事件性がある」ということを意味する。

通常、司法解剖前に署の捜査員が事件性の有無、他殺・自殺の判断をすることはあり得ない。それでも大塚署の捜査員が「事件性なし」との報告を行ったのは、覚醒剤を使用していた種雄さんやその家族の社会的地位を低いものと捉え、これを「事件」にすることを面倒だと考えたからなのではないか、と俺は推察している。

実際、後にこの事件を掘り起こした女性刑事も、

「これは本当に、よく自殺で処理しましたよね」

と、言っていた。

「これは面倒くさかったんだよ、当時の奴らは」

「ああ、そうですねえ。私もそう思います」

「普通、一課に連絡するだろ？」

「私もそう思います」

彼女と俺はこういうやり取りを交わしていた。

Cランク

なぜ大塚署はこの事件を「面倒」だと思ったのか。俺はその理由に、大塚署という警察署の規模が関係しているのではないか、と見ている。

警察署にはその大きさ順にA・B・Cというランクがある。大塚署は刑事課の捜査員の数が30名にも満たないCランクの警察署だ。

もしこの事案を殺人事件として扱った場合、大塚署には警視庁捜査一課から捜査員が大量に派遣されることになる。その際は、大塚署の捜査員も捜査本部に吸い上げられる形となり、彼らの日常の業務は圧迫される。宿直の日数も普段の倍にはなってしまうだろう。

これは小さな署にいた経験のある俺の実感でもあるのだが、小所帯の警察署には「一課などに来られたらたまらないな」という思いが常にあった。

例えば、警視庁から捜査一課の大勢の捜査員が来ると、署の捜査員は彼らにやたら気を遣うことがあるからだ。

朝飯や昼の弁当を用意し、夜になれば酒のつまみの準備。特に俺が署にいた当時は今よりもずっと捜査一課の捜査員は威張っていたから、「なんだ、飯の用意もできてねぇじゃねえか」と平気で手下扱いされた。こき使われる上に、最低でも1カ月は休みがなくなる。俺も署にいたときは、捜査一課の捜査員の尊大な態度や言動に怒りを覚えたことが何度もあった。

つまり、捜査一課という存在は大塚署にとって「厄介」で「鬱陶しい」ものだったのではないか。

「捜査一課なんかが来たらたまらないよ」

これが署の捜査員の気持ちであり、「覚醒剤をやっていたような社会的地位の低そうな被害者のために、自分たちがそのような目に遭うのはごめんだ」という思いが彼らの中にあったとしても不思議ではない。実際、シャブ中やホームレスの「変死事案」では、そのように「事故」と現場で判断されてしまうケースがあったと聞いたこともある。

「こんな事案は自殺で片付けてしまっても構わない」

大塚署の宿直員はそう思ったのではないか。だから、彼らは捜査一課に臨場要請を行わなかった。俺にはそのように思えてならない。

さらに言えば、大塚署の捜査員は司法解剖を行った医師に対しても、ちょっとした工作を行ったのではないかと考えられる。

検視を行えば、種雄さんの遺体の状況を「自殺」とすることは、どんな解剖医にもできなかったはずだ。

検視では直腸温と硬直状態を見るので、死亡推定時刻が22時00分であったことが分かる。その点については大塚署の捜査員も認めるしかない。

問題はそれからだ。解剖医が普通に遺体を調べたのであれば、当然、「これは自殺ではない」と言うはずだ。あくまで想像だが、そのとき、大塚署の捜査員は「他殺」と「自殺」のどちらにもとれるよう「〝不詳〟にしておいて欲しい」と頼んだのではないか。

これらの不作為が重なったことが、事件が「自殺」としていったんは処理され、本来であれば必ず検察官へ送致されなければならない立件票が放置されたまま、12年もの間、捜査されなかった理由だと俺は思っている。

大塚署の「罪」は大きい。

刑訴法第２４６条では、犯罪を捜査した司法警察官は速やかに書類及び証拠物とともに、事件を検察官に送致しなければならない、とある。事件の送致は警察署の署長名で行うものなので、2006年から2023年までの大塚署警察署長は、同法に抵触している可能性がある。

また、「立件票」が交付された事件については、毎年、捜査の進捗状況を検察官に報告する義務が定められている。もし大塚署が事件を塩漬けにしているにもかかわらず、あたかも捜査を実施していたような報告書を検察官に送付していた場合、刑法第156条に基づき虚偽公文書作成・同行使罪となり、これも問題だろう。

粘着テープの謎

事件発生から12年後の2018年。大塚署で女性刑事が掘り起こしたことで種雄さんの不審死事案は再び動き出した。

そうして持ち込まれたのが、警視庁捜査一課特命捜査対策室特命捜査第一係、通称「トクイチ」だった。捜査一課が捜査を行うということは、この事案を「事件」として扱うということだ。

同時に、重大な事実が判明する。X子は種雄さんを亡くした8年後、木原氏と再婚していたことがわかったのだ。警視庁が検討を始めた時点での木原氏の肩書は、自民党政務調査会副会長兼事務局長。与党の政策立案を担う重要ポジションに就いていた。

そこで、当時の小林敦捜査一課長は、精鋭揃いの「サツイチ」を投入することを決断する。

大塚署、トクイチ、サツイチの合同捜査はこうしてスタートした。

都内某所には、特別捜査本部のように大所帯の捜査チームが組織され、証言や証拠の裏付けを行う「裏付班」、証拠品を担当する「証拠班」、取調べなどを担当する「取調べ班」という3つの班が作られた。俺が入ることになったのは「取調べ班」で、主に関係者の事情聴取を担当することになった。

捜査が再開された当初、まず大きな懸案だったのが、「裏付班」が捜査に当たったYの存在だ。

Yは当時、覚醒剤取締法違反で逮捕され、宮崎県の刑務所にいた。事件当時、X子と恋人のような関係にあったとされるYは、事件当日に現場にいた重要人物であり、「裏付班」はX子の友人関係などに当たると同時に、実際に宮崎まで行ってYから聴取を行った。そこで入手された情報が「取調べ班」の俺のところにも届けられた。

Yは「裏付班」の捜査員に対して、以前に刑務所から出所したときにX子に何度か会ったことや、その当時にX子が勤務していた職場の場所などを語った。YはX子の子供のためにオモチャまで用意していたが、そのとき彼女はすでに木原氏と交際していたため、「こんなことはやめて」と言われたという。

「裏付班」はそうした供述をもとに、実際に語られた証言が真実かを文字通り裏付けていく。そうした情報が、後に取調室での調べに使われていくことになる。

「証拠班」は事件の現場にあったものを鑑定に出したり、置かれていたナイフで実際に人が殺害されうるかなどを調べていく。この事件では豚肉を用意してナイフがどう刺さるかの検証や、赤いインクを使って血の落ち方を確かめるといった作業も行った。

この2つのチームに、俺のいる「取調べ班」も含めると、捜査班は30〜40人近くの体制となった。それだけ捜査一課は「本気」で事件の捜査を行っていたのである。

そんな捜査の中で一つの「謎」として浮上したのが、現場に置かれていた凶器と思われるナイフだった。

Yは調べの中で、

「事件当日、X子から『ナイフに指紋が付いちゃった。どうしよう』と相談された。現場に行くとナイフには両面の粘着テープが付いていた。証拠隠滅しようと剝ぎ取り、持ち帰った」

と、語っていた。

ここで一つ引っかかる。なぜナイフに粘着テープを巻く必要があったのか。

Yは事件の日、X子に電話で呼ばれて現場に駆け付けたわけだが、

「覚醒剤で錯乱した種雄が巻いたのだろう」

と、供述していた。

最初は俺たちもYの言う通りだと思っていた。

「なんだろうな。まあ、種雄さんはシャブをやっていたから、それで意味不明な行動を取ったというのはあるかもな」

「滑り止め、ということかな」

俺たちはそんな会話をしていた。

それでも証拠班は日本粘着テープ工業会という組織を見つけ、粘着テープの出所を調べたりもしたが、調べれば調べるほど、「ナイフに粘着テープを巻く」というのは意味の分からない行動だった。

そんななか、あるベテラン捜査員が事件当時の状況を踏まえて行ったのが、次のような推理だった。

ベテラン捜査員が注目したのは、被害者である種雄さんの遺体の「体位変換」だった。種雄さんの遺体には動かされた痕跡があった。遺体を発見した父親や、現場に駆け付けたYが体位変換をしていないとすれば、それを行ったのはX子の行為だと考えるのが自然だ、と彼は考えていた。

廊下には血痕が残されていたが、それは凶器から滴り落ちたものだ。さらに、室内の黒い色のマットの上と階段には、血液の足跡が付着していた。こうした状況から想像できるのは、犯行現場から何者かが凶器を持ち出し、一度、部屋を出たことだ。そのタイミングは、ナイフに付着した血痕が滴下する犯行直後と考えるのが自然である。

なぜ種雄さんの遺体を動かす必要があったのか。

ベテラン捜査員は「X子が体位変換したと仮定するなら、自殺と偽装するためにナイフを握らせようとしたため」だと推理していた。つまり、X子は凶器を持って一度部屋を出た後にYに電話し、足跡は自殺偽装に失敗して血の付いた足で地団駄を踏んだ跡なのではないか、というわけだ。

そして、粘着テープについてベテラン捜査員はこう見立てていた。

「自殺偽装ができないと考えたX子は、次にYに凶器を握らせるために両面テープを巻いたのではないか。テープを貼り、Yにテープを剝がさせることによってYの指紋をナイフにつけようとしたのではないか」

この推理を、このベテラン捜査員は宮崎でYに直接ぶつけている。Yは驚きのあまり放心状態になってしまったという。

だが、俺はこのベテラン捜査員の推理には違和感を抱いた。

「X子が第三者の指紋を残すためにテープを巻きつけた」という推理は興味深いが、よく考えてみると、違うような気がしたからだ。

ナイフというのは、振り下ろせば誰でも小指側に傷がつく。だが、資料にはX子の手に傷があったという記録はなかった。

また、種雄さんは身長180センチ以上の長身だ。そんな大男を華奢な女があのように刺すことができるのか。さらに「第三者に指紋を付けさせる」という発想が、X子から出てくるとも思えなかった。

この粘着テープの問題は、今も事件の「謎」として残ったままだ。

Yに会いに行く

俺が「取調べ班」の一員に加わってから、捜査が大きな動きを見せたのは2018年7月頃のことだった。Yが、宮崎で重要な証言を行ったからだ。

前述した通り、宮崎刑務所に収監されていたYに捜査員は30回ほどの面会を重ねていた。そのなかでこんな供述をしたのだ。

「事件当日の夜中、X子から『種雄君が刺せと言ったので、刺しちゃった』と電話があった。家に行ったら、種雄が血まみれで倒れていた」

Yはこの連絡を受けた後、車で種雄さんとX子が暮らす自宅に1時間かけて向かい、深夜24時頃に到着した。その動きはNシステムによって裏付けられた。

種雄さんの死亡推定時刻は4月9日の22時頃なので、この時点でYが実行犯であることはあり得ない。俺たちは「Yはホシではない」と考えた。

では、Yはそこで何を見たのだろうか。

俺はその証言を確かめるため、その後、自ら2度にわたって宮崎刑務所に行き、Yと面会した。

刑務所に収監されている人物の聴取は、午前中と、午後は16時までと決められている。刑務所は法務省の管轄であるため、警視庁から申請をした上で取調べが行われる。

その日、俺は宮崎空港からレンタカーを借り、3人の捜査員とともに宮崎刑務所へ向かった。

季節は夏の終わりで、少しずつ涼しくなってきた頃だった。市内から車で1時間ほど、のどかな田舎道を走った山の中に宮崎刑務所はあった。

刑務所に収監されている人間は、基本的に礼儀正しくなる。

だから、看守に連れられてやってきた丸刈りのYも、

「入ります！」

と、声を上げて俺たちの前に座った。

俺の第一印象は、

(本当にX子はこんな種雄君とは真逆のタイプの男と付き合っていたのかな)

と、いうものだった。坊主頭のYは何とも素朴な雰囲気で、X子のような派手で美人な女とは合わないように感じたからだ。

俺がX子の調べ官をしていることを伝えると、

「ああ、そうですか。あの女は大変ですよ。したたかです」

と、Yは言った。

言葉遣いは丁寧で、ヤンチャをしていた男という感じもしない。

俺は、まずはX子がどういう人物であるかを探ろうと思った。

「ああ。そうなんだ。まあ、それは気をつけるけど、彼女はどういう性格なの？」

「うーん……。気の弱いところもありますね」

Yの供述は興味深いものだった。

事件があった日、YはX子の自宅近くのコンビニに車で行き、手袋を買った。だが、遺体を見ることを躊躇して、そのまましばらくコンビニの前にいたという。手袋を購入したのは、遺体に触れることを考えたからだろう。

その後、Yが部屋に到着すると、確かに種雄さんの遺体があった。X子の背中に血が付いていたため、「血が付いているから脱げ」と服を着替えさせた上で、「朝方になったら警察に電話をして、朝起きたら死んでいましたと言え」と助言したという。

ところが、Yにとって予想外だったのは、朝までの数時間で隠蔽工作をしようとしていたとき、玄関から唐突に大きな物音がしたことだった。

深夜3時過ぎのことである。

そのときに現れたのは、種雄さんに貸したハイエースを取りに来た種雄さんの父親だった。２階の暗闇の中で横たわっている種雄さんに「そんなところで寝たら風邪をひくぞ」と声をかける。そして、電気を点けたところで種雄さんが死んでいるのを発見する。父親の登場に慌てたYは、子供部屋のカーテンに咄嗟に身を隠したという。

「突然来たからびっくりしましたよ」

と、Yは「秘密の暴露」的な供述をした。

種雄さんの父親は警察の調べに「玄関の鍵が開いていた」と語っていたが、それはYが部屋に入った後だったからである。

俺が宮崎に行ったとき、Yはこうした事件の日の出来事を、すでに「裏付班」の捜査員にしていた。だが、「カーテンの後ろに隠れていた」という供述は、俺が面会したときに初めて出てきたものだった。

「(種雄さんの) オヤジさんが来たとき、お前はカーテンの後ろに隠れてたんだな……」

俺はベテラン捜査員の「推理」についても、あらためてYの反応を見るために聞いてみた。

「ナイフに粘着テープはなんで巻いてあったの?」

「種雄が覚醒剤をやってたからじゃないですか」

「あれはさ、たぶんX子がお前のことを犯人にするつもりだったんだよ」

「ええ!　そうなんですか。鬼畜ですね、あの女は。でも、そういうところがありますよ、あいつには」

「へえ、そうなんだ」

X子を任意同行

Yからは興味深い話が聞けた。だが、結局のところ、この事件にあるのは証言ばかりで、決定的な証拠が未だにあるわけではなかった。

そんななか、俺はX子に対する事情聴取を行うことになった。現在のX子は政治家の妻だ。聴取には細心の注意が必要だし、彼女が聞いたことに素直に答えるとはとても思えなかった。

俺たちはX子に任意同行を求めることにした。

２０１８年10月９日、東京都東村山市にあるマンションで、俺たちはX子に任意同行を求めた。インターフォンを押したのはサツイチの栗本係長と担当管理官で、俺は車の中で待っていた。

ところが、やってくるはずのX子がいつまで経っても来ない。しばらくすると、黒塗りの車が俺の横を通り過ぎて行った。すると同行を求めに行った２人が戻ってきて、

「今日はちょっとナシですね。誠さん、帰りましょう」

と、言う。

聞けば部屋の前で木原夫婦と対面して殺人容疑の捜査だと伝えたところ、木原氏が「今日は勘弁してくれ」と立ちはだかったのだという。後ろではX子が不安そうな顔でやり取りを見つめていた。

「後から連絡する」

そう言って木原氏は妻の任意同行を拒否すると、「もう行かなきゃいけない」などと言って、送迎車に乗って行ってしまったという。

同日、捜査一課では被疑者不詳の捜索差押許可状を持って、X子の実家と別宅の家宅捜索（ガサ入れ）も行っている。東村山のマンションにガサを入れなかったのは、やはり木原氏の存在があったからだろう。自民党の要職についている相手だけに、捜査のハードルは確かに高かった。

当時の俺は知らなかったが、「週刊文春」の報道によると、X子の実家と別宅の家宅捜索が行われた後、木原氏は当時の二階俊博幹事長から「X子と別れろ」と言われたという。二階さんは「警察の取調べにはちゃんと素直に応じろ」とも言ったと記事にはあったが、それが本当ならば、二階さんは大した男だ。

それからしばらくして、X子は任意同行に応じた。

初めてX子の取調べを行ったのは10月10日からだ。場所は警視庁本部の2階で、１００以上の取調室が並ぶ窓のない部屋だった。

初めて向かい合ったX子を見たとき、

「ずいぶんと変わったな……」

と、俺は思った。

それまでの捜査で、俺はX子の若い頃の写真を見ていた。茶髪で髪の長かった当時の面影はもはや一切なく、取調室に入ってきたX子は「代議士の妻」の雰囲気を放っていた。

そして、X子が取調室の椅子に座ったとき、

「これは実行犯じゃねえな」

と、俺は直感的に思った。

第一印象に過ぎないが、種雄さんの変死事件の現場写真を見ると、それは明らかに「男の犯行」を思わせるものだったからだ。

何しろ種雄さんはナイフで首を刺されていた上に、その傷は肺まで達している。相当な力がなければできないことで、「こんな弱々しい子が殺すのは無理だ……」というのが俺の印象だった。

取調室の攻防と1枚の写真

俺はX子と対峙しながら、以前に取調べを行ったある男のことをふと思い出していた。

その男はホンボシの身代わりに出頭してきた奴で、足が痒いのかしきりに掻いていた。

「痒いの？」

「はい」

そんな様子を見て、「ああ、こいつは犯人じゃないな」と俺は思った。

だから、俺は上司に言った。

「あれ、犯人じゃないいんじゃないですか」

「なんで？」

「しきりに足を掻いているんですよ」

「そりゃ、痒ければ掻くだろう」

「そうじゃないんです。なんか感じるものがあるんだよな……」

実際、男はその後の取調べと裏取りで犯人ではないことが明らかになった。俺の勘は正しかったわけだ。

X子を最初に見て「実行犯ではないな」と感じたのは、彼女がとても着飾って取調室に現れたからだった。ちゃんとした服、化粧、髪——。そうしたことに彼女はとにかく気を遣っていた。

昔の写真と今の彼女を見比べながら、俺は思った。

（この女があれほどの深い傷をつけて、ナイフに両面テープを巻いて偽装工作のようなことをするだろうか。こいつの仕業ではないぞ、これは）

ただ、問題はYの供述だった。

Yは、X子が電話で「私が刺しちゃった。指紋が付いている」と言ったと証言した。だが、俺は「指紋が付いちゃった」という言葉にも何か引っかかるものがあった。家にあるナイフなのだから、指紋が付いているのは当たり前だからだ。

なぜX子はそんなおかしなことを言ったのだろうか。何か裏があるようにしか思えなかった。

俺はまず、黙秘権があることをX子に伝えた。

「言いたくないことは言わなくてもいいからね」

すると、X子は下を向いて、

「はい」

と、言う。

「あ、返事はしてくれるのか。黙秘じゃないんだな」

「……」

「X子さんさぁ。ここに来た理由わかるよね」

「いや。わからないです」

「わかんないことはないよな。種雄君のことだよ」

「うーん、覚えてないです」

「覚えてないことないだろ」

「わかりません……」

「俺、怖い？　あんまり緊張しないでよ」

「……」

「ご主人の木原さん、格好いい人だよね。頭もいいし」

「うーん」

——10月10日から始まったこの取調べで、X子はそんなふうに言葉をほとんど発しなかった。

当時、X子と木原氏の間には第二子が生まれたばかりだった。子育てを優先しなければならないから、聴取は午後から夕方までに行われることがほとんどだった。X子はちょっとした雑談には応じるものの、事件の話になるとほとんど喋らない。

それでも自宅の近くにある病院前まで車で迎えに行って、警視庁本部で聴取をする日がしばらく続いた。俺が迎えに行くと、木原氏がX子を車まで連れてくることもあった。X子は木原氏に手を振り、「心配しないでね」といった会話を交わしていた。

「よろしくお願いします」

という木原氏の対応は丁寧なものだった。

X子の聴取は連日のように続いたが、彼女はその度に完璧なメイクをして、香水をつけて長い髪を綺麗に結っていた。着ている洋服も毎回変わった。その姿があまりに完璧なので、警視庁本部の裏口から取調室に入るまでの間に、すれ違った多くの警察官が思わず振り返ったほどだ。

「X子さん、衣装持ちだね。何枚くらいあるの？」

「そんなにありません」

「似合うよねえ。センスあるよね」

「そんなことありません」

「X子さんのお父さんも警察官なんだって？　俺、刑事なんだけど、テレビみたいに格好いいだろ？」

「……」

と、無言で首をかしげた。

俺の取調べは一見すると、雑談を続けていくスタイルだ。『刑事コロンボ』というドラマで主人公のコロンボが、最後に「ところで最後に一ついいですか？」と聞くシーンがある。それと同じで、聴取の90パーセントが雑談であっても、最後に聞きたいことを聞ければそれでいいと思っている。

だが、X子の口はとにかく堅かった。

「御飯、食べられているの？」

「あまり食べられないです」

「そうだよな。今日は何食べたの？」

「うーん、もずくだけかなぁ……」

「もずくだけだとヤバいんじゃないの」

「あまり食欲ないんで」

そんなやり取りもあったし、家で作る料理について聞いたこともある。

「X子さん、料理なんかするの？」

「あまりやらないんです」

「魚とか肉とか料理しないの？」

「いや、私は嫌なんです。べとべとするし。気持ち悪いし。だから、あんまり料理しないんです」

と、面倒くさそうに、あえて「しない」と言っているようだった。

気軽な雑談にはそのように応じる。だが、事件当日のことを聞くと、途端に「覚えていません」「分かりません」と繰り返すばかりだった。

俺がX子の聴取をやっているとき、別のチームが彼女の交友関係を調べ、徹底的に過去を洗っていた。捜査員から上がってくる情報をもとに、俺は揺さぶりをかけようとした。取調べではそうした個人情報をもとに、揺さぶりをかけるのが常套手段なのだ。

例えば、普段は静かなX子がときおり声を荒らげるのは、こんな質問をしたときのことだった。

「お前の友達が言ってたぞ。シンナーもやってたろ」

「やっていません！」

「タバコも吸ってたろ」

「吸ってません！」

「何で種雄君を刺したの」

「……（首を左右に振る）」

X子は、シンナーやタバコの話でカマをかけると、「やってませんよ！　そんなこと！」とムキになる。

一方で種雄さんの事件については素気ない態度だ。俺は「触れられたくないのは、そっちじゃないんじゃないのか」と思ったが、代議士の妻だという現在の彼女の立場がシンナーやタバコの話に反応させていたのだろう。

こうしたやり取りを重ねながら、俺はX子が実行犯ではないという思いを深めていった。

ところで、事件については頑なに話そうとしないX子に対して、聴取の切り札となるかもしれない1枚の写真があった。

それは1枚の鮮明な写真で、満面の笑みでカメラ目線でピースをしている茶髪時代のX

子が写っていた。

隣にはYがいるが、笑顔の彼女に対して暗い顔をしている。この写真は捜査の末に事件現場から5キロメートルほど離れた東京・本郷にある居酒屋で撮られたことが分かった。

俺たちの興味を引いたのは、写真が撮られた日付だ。撮影日は、事件が発覚した日の夜だった。つまり、X子とYは種雄さんが変死体となって発見されてから一日も経たないうちに、居酒屋で落ち合って酒を飲んでいたのである。２０１８年9月6日に捜査員が店を訪れ、オーナーに事情聴取して店内で撮影されたものであることを確認した。

俺はその写真を机の上に置き、X子に揺さぶりをかけた。

「X子さん、あのさー、旦那が死んでるのにYと居酒屋でピースしてニコニコ笑ってるのはどういうことなの？　不謹慎だよな？　こんな顔できるもんなの？　これ、あんただよな？」

X子は驚いたように目を見開いたが、それでも「ええ、ええ……わかりません」と呟くばかりだった。

「じゃあ疑うよ、俺は。居酒屋でニコニコしてんじゃない？　なんでこれ、ニコニコしてんの？」

「わたし知りません。それ」

「いや。だって写ってるの、X子さんだよね？」

結果的にX子は取調べの中で、Yが犯行現場に来たところまでは認めるようになった。

「おかしいだろ。あんた本当に寝てたの？　あそこで？」

「週刊文春」の報道では、YはX子の単なる浮気相手であったかのように書かれていたが、実際には良い相談相手であり、パートナーだったようだ。種雄さんから暴力を振るわれるようなこともあり、YはX子の相談に乗って避難先のホテルを予約したり、子供と一緒に水族館にも行ったりしていた。

覚醒剤取締法違反で逮捕されたYの公判の際も、X子は彼をかばうような証言をしていたという。だから、俺は写真を前にしたX子に言った。

「写真でニコニコしているのは、Yがいたからこういう顔になれたんだろう？　Yが一生懸命にやってくれたから、あんた、ここにいるんじゃないのか？」

だが、証拠は何もない。X子からはそれ以上の供述を得られないので、俺もだんだんと焦りを感じてきた。

X子は採尿や採血を拒否するので、DNAを採取して新たな証拠を見出すこともできずにいた。

ポリグラフ

取調べが続くなか、一つの山場になったのが、ポリグラフ（嘘発見器）をめぐるやり取りだった。

「種雄君を刺したってなってるけれど、本当に刺した？」と聞くと、X子は黙ってしまう。「私はやってません」と言えばいいのに、なぜか黙って何も言わなくなるのだった。

「わかった。X子さん、やってないんだな。あれやろう、ポリグラフ」

「ポリグラフって？」

「嘘発見器」

「……」

「いちばんいいのは、X子さん、ポリグラフをやって、自分が関係ないってことを証明することだと思うよ。そう思わない？」

「やりたくありません」

「だってそれじゃあ、いつまでも埒があかないよ。これをやれば一発だよ。これ、すごいんだから性能が。百発百中で当たるんだよ。いいじゃん、やっておけば。やろうよ。そうしたらすぐに帰れるから」

「嫌です」

「ポリグラフやったほうがいいよ。なんでYのことをないがしろにするの？　それはあれでしょ、あんたが木原さんと納まってるからでしょ。種雄君に申し訳ないと思わないの？」

「種雄君とも良い思い出はあります」

「そうでしょ。あるんだったら、ちゃんと喋んなよ」

「……」

「X子さんさ、俺は助け船を出してるんだよ。ポリグラフをやって、結果がシロと出たらもう帰ってもいいんだからさ」

ポリグラフは取調べにおいて、ときに事態を進展させるものだ。

結果自体は証拠にはならないが、心証はつかめる。それに、ポリグラフの使用の意味は、単に機械にかけるだけではなく、専門家の先生が横にいて意見を言ってくれることにもある。

仮に犯行を認めていない容疑者がいたとする。ポリグラフで嘘をついているという反応が出ると、先生がこう言う。

「あんた、これ。真っ黒だから、ちゃんと刑事さんに言わなくちゃダメだよ」

取調べにおいては、専門家のこうした言葉が効くことがある。だから、ポリグラフをやるというのは、単に嘘か本当かを決めるのではなく、先生が〝落としてくれる〟という期待が取調官にはある。

だが、X子はポリグラフを頑なに拒否した。それだけではない。採尿や採血も拒んだ。DNAを採取して新たな証拠を見出そうとしたが、それも拒否した。

「しょうがねえな。それなら身体検査令状を取るから」

俺たちはその翌日、身体検査令状を取って彼女の自宅に行くことにした。

そこで起こったのが、木原氏とのこんなやり取りだった。

その日、待ち合わせ時間の認識に木原氏との間で齟齬があり、俺は30分ほど約束の時間を過ぎて自宅に到着した。すると、待っていた木原氏がものすごい剣幕でこう言ってきたのだ。

「おまえ、時間ぐらい守れよ！」

「いや。木原さんがこの時間とおっしゃったんじゃないんですか」

「違うよ！　俺は12時って言ったんだよ」

「いや。俺が聞いたのは12時半ですよ」

「違う。俺は12時って言っただろ！」

「俺は木原さんがそういうふうにおっしゃったから、この時間に来ているんです」

「俺は12時って言ったんだよ」

「俺は12時半って聞いてるんです」

今思えば、言い訳をする必要もなかったが、お互いについカッとなって押し問答が始まってしまった。

そして、木原氏は俺にこう言い放ったのだった。

「おまえ、時間も守れねえんだったら、わかってんだろうな！　おめえ！　いつでもクビ飛ばせるんだぞ！」

　ここで俺は引き下がった。

「わかりました。申し訳ないです。じゃあ謝ります」

「それでいいんだよ！」

ドライブレコーダーの映像

　木原氏については、政治家としての力を行使して捜査を止めたという疑惑を「週刊文春」が報じている。実際のところがどうだったのか、俺には知る由もない。ただ、捜査中の木原氏については、こんなことがあった。俺が書けるのはその事実だけだ。

　２０１８年10月に始まったX子の取調べは、もともと約２週間が期限だと言われていた。具体的には10月９日から24日まで。その間にX子から何らかの重要な供述を取ることが求められていた。

　その理由は、木原氏が「国会の召集日までに取調べを終わらせろ」と捜査幹部に話していたからだと聞いている。

「国会が始まれば、妻の取調べの間、子供の面倒を見る人間がいない」

　と、いうわけだった。

　取調べでは、X子はそれを終えると警視庁本部からタクシーに乗って自宅に帰った。帰宅の際に木原氏と落ち合い、タクシーの車内で言葉を交わすことがあった。

捜査員はその際のドライブレコーダーの映像を回収して分析していた。あるとき、俺はその捜査員に、

「誠ちゃん。ちょっとこっちに来て、見てみ」

と、声をかけられた。

再生された20分以上の動画では、タクシーの後部座席に座った木原氏が、X子の手を握って言葉を投げかけていた。

「大丈夫だよ。俺が何とかするから」

「……」

「俺が手を回しておいたから心配すんな。刑事の話には乗るなよ。これは絶対言っちゃダメだぞ。それは罠なんだから」

この会話を見たとき、俺は「だよな」と思った。

なぜなら、もうX子は簡単には喋らないと思ったからだ。調べに対して「これを言ってはダメだ」と手を回されてしまえば、かなり厳しい状況になるからだ。

さらに頭を抱えたのは、木原氏が続けたこんな言葉だった。

「国会が始まれば捜査なんて終わる。刑事の問いかけには黙っておけ」

するとX子が「刑事さんが（木原氏のことを）『東大出のボンボンは脇が甘い』とか言っ

てたよ」と返事をした。木原氏はこう気色ばんだ。

「そんなもん、クビとって飛ばしてやる！」

この映像を見ながら、俺は思わず「おお、やってみろ。ボンボン」と吐き捨てたい気持ちに駆られていた。

そうは言っても、国会が閉会する12月10日になれば、捜査が再開されるだろうと俺は考えていた。ところが、その目論見は外れることになった。

国会が始まる直前の10月下旬のことだ。

俺は当時の管理官から、はっきりとこう告げられたのだ。

「明日で取調べは終わりだ」

12年前の事件で物証が乏しいことは最初から分かっていた。だが、X子の調べが佳境を迎え、これから供述を揃えて証拠を探そうという矢先に捜査の中止が告げられたことには、大きな違和感が残った。

俺は捜査一課で１００件近くの調べをやってきた。これだけ流れができていたのにもかかわらず、捜査が中止になるなんて経験は初めてだった。

大きな決め手

ところで、この事件とは離れるが、木原氏とX子のやり取りが記録されたドライブレコーダーの映像を回収したことに絡めて、一つ書いておきたい経験が俺にはある。

それは、全国に指名手配されていた小谷洋平（仮名）という男を、2015年2月に逮捕した埼玉県本庄市の事件のことである。

2013年10月、本庄市の霊園で男の遺体が見つかった。逮捕された一人である小谷は、八王子の詐欺グループのトップだった。オレオレ詐欺などで荒稼ぎをしていたこのグループは凶悪で、本庄市での事件もかなり狂暴なものだった。

殺された被害者は同じ振り込め詐欺グループのメンバーだったが、詐欺で得た金の分配をめぐって仲間割れをした。そして、億単位の金を持っているということで、小谷たちに拉致されたのだ。

2010年12月、被害者は都内のマンションで拉致された後、八王子で監禁される。そこで金のありかを問い質されるが、そこには300万円しかなく、結局、殺害された。さらに、小谷たちは被害者をすでに殺しているにもかかわらず、人質を取っているかのように装って、今度は被害者の彼女に金を持って来るようにと脅した。

女は指示に従って2000万円を高速道路の路側帯に置き、小谷たちはその金を奪って逃げた。事件が発覚したきっかけは、被害者と連絡が取れなくなった女が、年が明けた翌月に警察に相談したことだった。

小谷たちは本庄市の霊園の墓を一つ買い、そこに遺体を埋めていた。白骨化した遺体が発見され、DNA鑑定によって被害者が特定されたことで、捜査は一気に動くことになったのである。

　俺たちは様々な情報源を駆使した捜査で小谷以外の共犯を全て逮捕したものの、肝心の小谷は行方をなかなかつかめなかった。

　その際に活用したのがドライブレコーダーの映像だった。

　捜査を進めるなかで俺たちは小谷の女を見つけ出し、どこかで2人が接触することを見込んで張ることにした。女の存在が分かったのは、情報屋に使っていたキャバ嬢や怪しげな連中の住居を確保する「代行屋」、小谷と反目するグループのメンバーなどから「女と定期的に会っている」という話を摑んだからだった。

　ところが、女は俺たちを撒くのが上手く、なかなか尻尾をつかませなかった。そこで粘り強く行ったのが、女がタクシーに乗ったとき、そのドライブレコーダーの映像をすぐさま回収して解析することだった。

　小谷の行方を知る上で決め手になったのは、女が歯医者の帰りに、タクシーの中で電話をかけたことだった。女の会話の中に、高級車「ベントレー」の具体的な車種の名前が出てきたのだ。調べてみると、そのベントレーは日本に5台しかなく、そのうちの1台のナンバーが女の名前を数字の語呂合わせにしたものだったのだ。

「これじゃねえか?」

俺たち捜査官は顔を見合わせた。

そして、そのナンバーの車をNシステムで追跡してみたところ、何度も浅草に通っていることが分かったのだ。

早速、車の足跡を追う形で浅草を探してみると、なんとベントレーがあるコインパーキングにずっと止まっているのを発見することができた。

俺たちはパーキングの目の前の家の部屋を借り、24時間体制で張り込むことにした。そして、ついに女の姿を発見したのである。

女は少し離れたマンションに入っていく。小谷がいるのはそこに違いない。

マンションとベントレーのどちらで張り込むか。

俺たちはベントレーの方が良いと判断し、さらに待った。すると、パーキングに置いてあるベントレーに、小谷が乗り込む姿を確認できたのである。

そのときに逮捕できればよかったが、タイミングが合わなかった。

だが、しばらくして車がパーキングに戻ってきたとき、

「来たぞ！　帰ってきたぞ」

と、捜査員は色めき立った。

そうして、俺たちは小谷が次に隠れ家へ戻ってきたとき、路上を歩いているところを尾行した。感づかれて逃げようとしたところを、捜査員が追いかけて取り押さえた――。そ

れが、警察庁指定の指名手配犯をようやく捕まえた瞬間だった。

ちなみに、小谷は調べでは最初は何も言わなかったが、最終的には共犯が全てやったことで「俺じゃない」と言い張っていた。共犯者の方は小谷が主犯だと供述しており、意見が食い違っていたが、「それは法廷で争えばいい」と俺は小谷の言い分をそのまま調書に書いてやった。裁判では全員に重い刑が科せられた。死体遺棄や強盗致死などで起訴された小谷には、高裁で懲役28年の判決が下された。

この経験から言えるのは、タクシーのドライブレコーダーというものが、ときにホシに近づくための大きな決め手になるということだ。だから、俺は「木原事件」の捜査のときも、X子のドライブレコーダーにこだわったのである。

もう一人の人物「Z」

話を2018年に戻そう。管理官から取調べの中止を告げられたとき、俺は「それなら最後にX子と2人だけで話をさせてもらえますか」と言った。

「誠ちゃん、いいけど、午前中だけにしてね」

「じゃあ午後イチバン、30分ぐらいでやめますから」

このとき俺が最後にX子に聞きたかったこと。それは証拠の乏しいこの事件に対する一つの仮説だった。

Yの供述によると、事件当日に「ナイフに指紋が付いちゃった。どうしよう」と相談された際、ナイフには両面の粘着テープが巻き付けられており、それを証拠隠滅のために剝ぎ取って持ち帰ったという。

黒色のナイフの柄にぐるぐる巻きにされた両面テープは、誰が、何のために巻き付けたのだろうか――それが俺の頭にずっと引っかかっていたことだった。

（あの日、事件現場には粘着テープを巻いてYの指紋を付けるように指南した、もう一人の人物――Zがいたのではないか）

俺はそう考えていた。

Zについては、あくまでも俺の仮説であり、ここに詳しく書くことはできない。だが、X子やYを実行犯から除いたときに残るただ一人の人物となる。様々な証拠品やYの供述、参考人聴取の調書に至るまで、全ての資料を細かく分析して登場人物を消去法で絞っていくと、最後まで残るのがZだった。

実は事件当日の夜19時半頃、Zは種雄さんとX子の暮らす家を訪れ、「仲良くしなくちゃ駄目だぞ。しっかりやれよ」という言葉を投げかけている。これはX子の取調べに残されている証言だ。

そして同じ日の夜、Zは大塚署に種雄さんの家庭内暴力について相談。これも大塚署の記録に残っており、それだけ2人の家庭は切迫した状況だったということだ。もちろん捜査本部は2018年の再捜査の際にZに対して任意聴取をしようとしたが、途中で拒否されている。

最終的な俺の見立てはこうだ。

Zは突発的に犯行に及んだ後、自殺偽装計画を立てたのではないか。そして、Yの痕跡も両面テープによって残しておくことで、自殺の線が崩れて事件化したときの「保険」まで掛けた。相当に巧妙な手口である。

俺は捜査の中止を言い渡される前にも、取調室でX子にこう聞いている。

「その日、Yを電話で呼んだのは間違いないな？」

だが、X子は2018年の捜査の際は、あくまでも「朝起きたら夫が死んでいた」というスタンスを崩さなかった。

「(種雄さんから) 正座させられていて、怖いからYを呼んだんです」

「それからどうしたよ」

「私、怖かったんで、部屋に行って、子供たちを寝かして私も寝ました」

「お前、それはねえだろう。種雄さんとYを喧嘩させといて、自分だけ寝ていたなんて、そんな馬鹿な話あるかよ。この世の中に」

「いや、あとはYに任せていましたから」

死亡推定時刻から計算すると、Yが来たのは種雄さんが亡くなった後であるため、話の辻褄が合わない。はっきり言ってX子の話は支離滅裂だった。

そこで、俺はこう言ったのだ。

「俺の腹の中と同じだな」

「……」

――こうしたやり取りの後、10月下旬に取調べの中止を俺は告げられた。最後に残された取調べの時間は僅かだった。このとき、俺はこれまでは同席していた立会人や他の捜査員にも席を外してもらい、X子と2人きりになった。

「今日で取調べはやめてやるから」

X子は安心したような表情を浮かべて視線を上げた。

「疲れました。怖いです」

「あんたと会うことはもうないかもね。もうこれで調べを止めるから本当のこと言おうじゃねえか。お互い墓場まで持っていこうじゃない。今日はメモも取らないしさ」

「はい」

「俺も感じるところがあるんだけどさ。最後に答えてよ。お互い腹の中で収めようじゃないか。あんた、殺ってねえだろ？」

そう言うと、X子はゆっくりと頷いた。

「あんた、そんなことできないよな」

「……彼とは良い思い出もありますし」

「そうだよな。思い出もあるしな。殺せないよな。その思い出は大事にしなきゃ駄目だよ。ところで、あんた、ナイフに両面テープは巻いた？」

「……（首を振る）」

「巻くわけないよな。種雄さんが巻いたのか？」

「……（首を振る）」

そこで俺はもう一人の重要参考人であるZを再び思い浮かべながらこう続けた。

「俺とお前、腹ん中で思い浮かべてるのは、一緒だよな」

だが、その問いかけにX子は沈黙し、ゆっくりと目線を落としただけだった。

「俺の腹の中と同じだな。これはお互いの腹に収めてあんたもちゃんと生きていきなよ。今の旦那さんに尽くしてさ」

それがX子と俺の最後の会話だった。10回に及んだ聴取は終わることになった。

当時、俺は本当にそのまま捜査が中止になるとは、まだ思っていなかった。他の捜査員も同様で、捜査の再開を見込んで11月にはX子の働いていた池袋のキャバレーの元従業員の聴取も行っている。

俺自身にも「国会が終われば捜査が始まるかな」という思いもあったが、結果的に翌年の5月に告げられたのは、「一切もう触るな」という指示だった。

上からの「圧力」

事件は「異常な終わり方」を迎えた。

果たしてこの事件に木原氏による「関与」があったのかどうか。俺の考えを書いておきたい。

木原氏が銀座の店でX子と出会ったのは、種雄さんが亡くなった2年後の２００８年のことだ。

翌年、木原氏は衆議院選挙で落選するものの、２０１２年に2度目の当選を果たして国政に復帰した。翌年には外務大臣政務官に就任し、さらに翌年の２０１４年にはX子との間に子供が産まれると同時に結婚している。だから、言うまでもないことだが、木原氏が当時の種雄さんの事件に関係していることは全くない。

そして、木原氏が自民党の政調副会長兼事務局長をしていた２０１８年、警視庁が種雄さんの不審死事件の再捜査を開始する。俺がX子の聴取を開始した10月上旬は、木原氏が自民党情報調査局長に就任したのと同時期だった。

木原氏の「関与」はあったのか。結論から言えば、それはあったかもしれないし、なかったかもしれない。

真偽のほどは確かめようがないが、当時、俺が上司から漏れ伝え聞いたのは、次のような経緯だった。

木原氏がこの事件について知ったのは、X子の取調べが行われる直前のことだった。木原氏がどう思ったのかは分からないが、まず彼が相談したのが、当時の政調会長で同じ派閥のボスである岸田文雄氏だったという。

岸田氏にとって木原氏は〝右腕〟である。

なんとかして守りたいという気持ちもあったのだろう。岸田氏が頼ったのが幹事長の二階氏だった。すでに書いた通り、この件を聞いた二階氏は木原氏に離婚を勧めると同時に、警察の取調べに対しては素直に応じるように言ったという。二階氏は「週刊文春」の取材にも、「覚えていないけど、疑いをもたれたら捜査に協力しろよっていうことは当然のことじゃないかな。それは言ったたろうけどさ」と答えている。

実際、その後の木原氏はX子の捜査に協力的になった。

一方で、俺たちの「現場」に政治の影がちらつくようになったのも事実だ。俺が捜査や調べのメモを上司に渡すと、「これ、あっちに持って行かなくちゃいけねえんだよ。うるさいんだ」というようなことを言われたこともある。

そして10月下旬、俺たちは突如、捜査の中止を指示されたのだった。

これらの話を総合して推測できるのは、木原氏→岸田氏→二階氏と事件の話が流れた後、二階氏から警察庁長官、さらに警視庁幹部を通じて捜査一課へと指示が伝わっていったのではないか、ということだ。

では、木原氏本人はどうなのか。圧力をかけたと言えるのか。

木原氏がX子の取調べの後、タクシーのなかでX子を慰めるように「大丈夫だよ。俺が何とかするから」「俺が手を回しておいたから心配すんな。刑事の話には乗るなよ。これは絶対言っちゃ駄目だぞ。それは罠なんだから」と言っていた様子がドライブレコーダーに記録されていることはすでに書いた。

当時は「この野郎」と俺も思ったが、今から振り返ると、この記録だけを以て木原氏が本当に「手を回した」と判断するわけにはいかないと俺は思う。木原氏はX子の夫である。家族を守るため、妻を元気づけるために、仮に手を回していなくともそれくらいの励ましは言ってもおかしくはないからだ。

いずれにせよ、捜査の終わり方の異常さを考えれば、何らかの圧力が「上」からあったことは間違いないだろうなと、当時は考えていた。

ラーテル

それから5年後の2023年、露木長官の「事件性がない」という発言に触発され、俺は実名で「週刊文春」に事件の経緯を告発することになった。

これまで書いてきた通り、この事件に「事件性がない」という判断はあり得ない。繰り返すが、２００６年4月11日、検察官が大塚署に鑑定処分許可状と立件票を交付しており、以後、事件は検察官の認知事件になっている。検察官が立件票を交付して本件に関わるということは、実質的に捜査が検察官の指揮下に入るということだ。警察は捜査を尽くした上で立件票と捜査結果、証拠を検察官に送致し、起訴や不起訴などの判断を検察官に委ねなければならない。警察の側は「自殺」や「他殺」を断定することはできないし、勝手に捜査を中止することなどできないからだ。

また、捜査一課が呼ばれたにもかかわらず、途中で捜査を止めてしまい、勝手に「終わり」になるなんて話を、俺は聞いたことがない。なぜなら、捜査一課は検察官に送致するまで捜査を尽くす存在だからだ。

立件票がある限り、捜査を尽くして検察官に送致するのは警察側の義務だ。だから、立件票が送致されない限り「木原事件」は終わっていない。俺が記者会見まで行ってそのことを訴えたのは、「事件性はない」という露木長官の言葉を明確に否定しなければ、立件票も事件も塩漬けにされてしまい、この事件が闇に葬られてしまうのではないか、と感じたからだった。それだけ警察庁長官の言葉は重いのだ。

大塚署で12年間埋もれていたこの事件を掘り起こした女性刑事から、俺は遺族の様子を聞いていた。遺族は遺骨もまだ埋葬できず、血の付着した遺品などをずっと持ち続けているという。

彼らは種雄さんの死因が「自殺」だとは思ってこなかったし、12年後に再捜査が行われ始めたときはどれだけの希望を抱いたことか。

これでは遺族があまりに気の毒ではないか。そう思わずにはいられなかった。俺は腹を決めることにした。

西アジアやアフリカに生息するラーテルという動物がいる。イタチ科のラーテルは体こそ小さいが、気性が荒く、怖いもの知らずで、相手が自分より大きなライオンやハイエナであっても挑んでいくという。

俺は警察とこうした形で対峙するのであれば、自分もまたこのラーテルのようにならなければならないと思った。

現役の刑事たちにはできないことがある。それは、露木長官の「事件性はない」という判断の誤りを指摘することだ。しかし、警察を辞めた俺ならばできる。

一人で巨大な相手に飛びかかっていくには、度胸と開き直りが必要だ。俺自身は深く傷つくだろうし、これまで仲間だった警察関係者との関係も壊れるかもしれない。

だが、ここで嚙みつかなければ全てが終わってしまう。守らねばならぬギリギリの線がある。そうして、俺はラーテルになるしかなかった。

ある意味では、〝正義対正義〟の戦いなのかもしれない。

俺の〝正義〟は「遺族のため」だ。そして、「警察が弱い者イジメをしてはならない」

「殺人事件が個人の事情により打ち切られるようなことはあってはならない」ということもある。

一方の警察、そして露木長官にも〝正義〟はあるだろう。それは「警察の威信」、そして「治安維持を担う組織としての信用の崩壊を防ぐこと」である。

まさか、長年世話になった古巣とこのような形で対峙することになるとは、思いもしなかった。

長い戦いになるだろう。だが、裏切り者と言われようが、偽善者と思われようが、それはもはやどうでもいいことだ。俺には関係ない。誰かに相談したところで、その意見に合わせる気などさらさらない。ここは「正義」を貫き通すしかない。もう後戻りはできない。警察とは、この先どのような状況になっても徹底的にやり合うつもりだ。

第三章

1983年　原点

悪の華

「警察は弱い者イジメをしてはならない」というのが俺の警察官としての信念だ。

俺が警察官になろうと思った理由を書いていきたい。

あれは俺が中学生の頃のことだ。同じクラスに吃音の女の子がいた。隣のクラスの連中が、うまく言葉が出てこない彼女を、「ちゃんと喋れよ」などと小突いているのを俺は目にした。その様子に怒りを覚えた俺はクラスの数人を引きつれ、そいつらのもとに「殴り込み」をしに行ったことがある。弱い者イジメをする奴らがどうしても許せなかったからだ。

その日、いま振り返れば「どうしてあんなことになったのか」と思うけれど、大げんかになった末に、俺たちは全員が顔をはらして保健室に連れていかれることになった。クラスメートがいじめられているのを見て、俺もすっかり頭に血が上っていたんだろう。

そのとき、保健の先生が唇を切った俺の手当てをしながら、

「あんたがやったんでしょう?」

と、言った。

「だって、あの女の子がいじめられていたから、やるしかないでしょう」

俺がそう返したとき、その保健の先生が続けた言葉が今も俺の胸には残っている。

「いいんだよ、それで。あんたは悪の華でいいんだよ。私のお父さんは警察官なの。あん

たもそうなってみたら？」――。

俺は昭和34年（１９５９年）に青森県で生まれた。父親がＮＨＫの職員をしていた関係で、子供の頃から転勤が多かった。だから、小学生から中学生にかけては仙台や青森、埼玉……と何度も転校を繰り返した。

埼玉県の東松山市の高校に通った俺が東京に出てきたのは、青山学院大学に入学したのがきっかけだった。俺は大学生としては不真面目で、麻雀ばかりやっている不良学生だったから、結局留年して、大学には5年間行くことになってしまった。

自分の将来について初めて考えたのはその頃のことだった。

「俺も就職を考えなくちゃいけねェな」

そんなとき、ふと思い出したのが中学の保健の先生の「あんた、警察官になってみたら？」という言葉だった。

青山学院大学は渋谷にある。そこで、いつも駅からキャンパスに行く際に前を通っている渋谷署に行ってみると、「警察官募集」の貼り紙があった。その貼り紙をしばらく見て思案していたところ、一人の警察官が近寄ってきて、

「君はどこの大学なの？」

と、俺に聞いた。

「青学です」

「警察官になる気があるの？」

「ああ、そうですね。今年は就職なんで」

「そうなんだ。じゃあ、ちょっとこっちにおいでよ」

そうして署内の別の部屋に案内され、俺は警察官の試験の申込書を書くことになった。それから指定された受験の日に試験を受けてみたところ、合格した。だから、俺が警察官になったときの気持ちは、「公務員だからいいかな」という程度のものだった。昭和58年（1983年）のことだ。

警察学校で軍隊のような厳しい教育を受けた後、俺が初めて配属されたのは高井戸署だった。この署には2年足らずしかいなかったが、そこで俺は巡回連絡をしたり、夜勤では警らをしたりする「交番のお巡りさん」をすることになった。

警察官という仕事は、やってみるとなかなかやりがいの多いものだった。今でもよく覚えているのは、職務質問をして初めて自転車泥棒を捕まえた時のことだ。

ある日の晩、交番の前に立っていると、自転車が無灯でやってくるのが見えた。

「あれ、電気もつけないで危ねェな」

そう思って交番の中に隠れ、ピピーッと笛を吹いて俺は自転車を止めた。乗っていたのは20代のサラリーマンで、少し酒に酔っているようだった。俺が声をかけた瞬間、びくっとして「あ、やばいな」という表情を浮かべた。「あ、これは間違いないな」と俺は思った。

「あんた、この自転車どうしたの？」

「いや、その、置いてあった」

「置いてあったのを持って来ちゃいけないよ」

聞けば、終電がなくなったので、駅の駐輪場に置いてあった自転車を拝借したという。

「駐輪場のところろって、これは窃盗だよ」

「はい、すいません」

やり取りはたったそれだけのものだった。

たかが自転車泥棒に大げさだと思われるかもしれないが、後に捜査一課で何人もの犯人を捕まえても、殺人犯を取調室で落としても、そのときの「ああ、やっと一人、自転車泥棒を捕まえられた」という嬉しさだけは今も忘れられない。特別なものがあるのだ。

なぜかというと、警察官にとって自転車泥棒を捕まえることは、新人の頃の一人前になるための一つの通過儀礼のようなものだからだ。

交番のお巡りさんは、自転車泥棒、あるいは上手くいけば空き巣などを月に何回捕まえることができるかが成績となる。実際に翌朝、同僚からは「おお、誠ちゃん、やったな」と言われ、俺も「やっと捕まえましたよ！」とすっかり意気揚々とした気持ちだった。

俺はこの一件以来、何か自分の中に自信が生まれたのを感じ、4日に一度の宿直が楽しみになった。月に3～4件の自転車泥棒を捕まえられるようになって、2カ月連続で検挙率がトップになったこともある。それがいちばんの生きがいになったその時期は、後の自分の原点の一つと言ってもいいかもしれない。

そして、その頃の経験でやはり忘れられないことがもう一つある。それは正月の当番の際に一度、指名手配犯を自分の手で逮捕したことだ。

ある年の1月1日、駐車違反の取り締まりか何かで外に出た帰り道のことだ。墓地の前を通りかかったとき、不審な男が墓地に座り込んでいるのを見つけた。

気になって墓地に入ってみると、なんと、男はお供えものを食べている。

「なにやってんだ！　ちょっと来て」

それから男に話を聞いて交番から照会センターに照会してみると、窃盗の指名手配犯だった。

「これ、指名手配になっていますよ！　いま交番ですか？」

「ああ、そうなんですか。まだ卒配（警察学校を卒業して配属されたばかり）なんで、指名手配犯はやったことがないんです」

「じゃあ、すぐにですね、捜査の方に来て貰ってください。身柄は確保していますか。ちゃんと確保しといてくださいね」

しばらくして捜査員が来ると、「今年一番ですよ」と俺は褒められた。何しろ元日の出来事だから、それはそうだろう、という話ではあったのだが。

俺が「交番のお巡りさん」をしていたのは、警察学校を卒業してから2年足らずのことだった。当時は勉強もできたものだから、配属されてから1年10カ月という早さで巡査部長の試験に合格したからだ。

そして、異動した麴町署で、俺の刑事生活が始まることになった。

それまで、俺は「刑事」というものになりたいと思ったことはなかった。ところが、麴町署に行くと、「捜査講習に行って来い」と上司から言われた。

捜査講習とは調書の取り方や実況見分のやり方、令状の請求の仕方から、刑法や犯罪捜査規範、それこそ立件票の意味など、捜査のイロハを教わるものだ。教官として来た「取調官」出身の教官から実際に話を聞いたのも、このときが初めてだった。

1カ月ほどこの捜査講習を受けると、次に配属されたのが看守係だった。というのも当時、留置場でホシと接する看守係は、刑事になるための登竜門のような係だったからだ。

俺は3年ちょっと看守係にいたけれど、この時期は後に「取調官」をする上でも本当に勉強になった。ホシが送致されるとき、送致書類は看守のところにあずけられる。だから、看守は夜にそれを読める。俺は刑事の書いた調書などの書類を、一生懸命に読む日々を送った。何しろ捜査講習とは違う本物の調書である。「ああ、こうやって書くんだな」「これが上手い調書の取り方か」と、いろんなコツを吸収しようと心掛けたものだ。

そして、この看守係の仕事に慣れてきた頃、麴町署の刑事課の暴力犯係から声をかけられて、俺は刑事として働くようになった。

「ボロ雑巾」の日々

刑事課の暴力犯係というのは、要するに暴力団や反社の犯罪を取り扱う部署だ。それだけに、刑事たちもとにかく強面《こわもて》ぞろいだ。

そこで俺はまず見習いとして勤務するようになったわけだが、その頃を思い出すと今でも胃が痛くなる。

何しろ暴力犯係での新人は「ボロ雑巾」と一緒。

先輩たちから「あんぱんを買って来い」と言われて買ってくると、「俺は粒あんは嫌いだ。そんなことも知らねェのか。こしあんを買い直して来い」と詰《なじ》られる、なんてことが日常茶飯事なのだ。

深夜に「冷やし中華が食いてえな」と言われたとしても、「もう店がやっていないですよ」と言おうものなら怒鳴られるので、インスタントラーメンを水道水で冷たくして皿に入れ、粉のスープを水で溶いてかけたものを出す。

「できました」

「おお。うめえじゃねえか、冷やし中華」

「そうですよね」

そんなことばかりが毎日起こるので、「今日はどんな無理難題を言われるのだろうか」と恐ろしかった。

また、ほぼ全員がひっきりなしにタバコを吸うので、部屋はどこも煙でかすんでいる。その灰皿を洗うのも新人の仕事だ。強いて言えば、係長が俺と同じでお酒を飲まない人だったから、飲み会の席で「佐藤は飲まないから、あまり勧めないでくれ」と言ってもらえたのが唯一の救いだった。

刑事課の新人はそんな扱いだから、もちろん最初は調書も取らせてもらえない。それでも1年ほど経って仕事に慣れてくると、宿直の事件で臨場した際の実況見分や、目撃者など参考人の調書くらいなら書かせてもらえるようになった。

だが、この調書を書くのがつらい。

「この事件に必要な人間の調書を取れ」

と先輩刑事に言われるが、当時はパソコンがないから全て手書きだ。国語辞典を横に置いて「墨田区の墨という字はどうだったっけ」という感じで懸命に書く。だが、提出すると「なんだ、この調書は？」と破り捨てられるんだ。

「おまえ、だらだら、だらだら、こんなもん書いてるんじゃねえよ。やり直しだ！」

今ならパソコンで簡単に訂正もできるが、カーボン紙を敷いて手書きで書いた調書だから、そうなると初めから全て書き直しになる。

「今度は実況見分でも書いてみろ」

そう指示されて書いたものも、

「これじゃあぜんぜんダメだ！　使いもんになんねえ！」

破る、やり直せ、破る、やり直せ――。この繰り返しをされているうちに、ペンを握っていた手はすっかり力が入らなくなり、ぶらぶらになってしまう。

刑事課の先輩たちはひょっとすると、そこに「仕事を教える」という思いを込めていたのかもしれない。いまから振り返れば、後に捜査一課での仕事の中で「俺はあの麴町署での日々で鍛えられたんだな」と思うようになったが、若かった俺は恐ろしくて、毎朝のように「今日は行きたくないな……」と重い気持ちを抱えて働いていたものだ。

そんな俺にとって大きな転機になったのは、平成8年（1996年）に異動した小平署で起きたある事件だった。

小平署での勤務は長く、刑事課の知能犯捜査係で捜査をしたり、その後の平成15年（2003年）には強行犯捜査係にいた。そして、この年、管轄のコンビニエンスストアで、男が30代の女性を凶器で刺し殺すという事案が発生したんだ。

コンビニ刺殺事件

事件は次のようなものだ。

被害者は生命保険会社に勤務する女性で、ホシは彼女と恋人関係にあったフリーターの浅川義夫（仮名）。女性は別れ話をしていたようだが、浅川はよりを戻すためにその後をつけ回していたらしい。そんななか、道端で浅川と出くわした女性は、叫び声を上げて近くのコンビニに逃げたところを追いかけられ、店内で刺殺される。浅川は逃げずにその場で逮捕された。ちなみに、この浅川は以前に別の事件で刑務所に服役しており、出所したばかりだった。女性は3日前に「浅川と別れたい」と警察に相談に訪れていたという。

殺人事件の捜査であるため、小平署には警視庁の捜査一課の刑事がやってきた。ところが、浅川の取調べをするはずの取調官がこのときは他の事件で不在だったため、一課の綿貫正係長（仮名）が俺の上司である刑事課長にこう聞いたんだ。

「いま、他のところでうちの調べ官を使っているんですが、小平に誰か使えそうなのはいませんか？」

すると、当時の課長が、

「佐藤っていう良いのがいるから使ってみてくれ」

と、言ったようだ。

課長がそんなふうに指名してくれたのは、普段の俺の調べや調書を評価してくれていたからかもしれない。自分でも調書は得意だという思いはあったが、「一課の取調官がいないんだって。おまえやってみるか？」と言われたとき、最初、俺は「いや、殺しなんて調べたことがないし、これは俺にはできないですよ」と二の足を踏んだ。

調べが得意だと言っても、それは普段発生するような事件についてだった。凶悪事件をやる一課といえば、刑事であれば誰もが憧れる花形の部署だ。

小平での事件は通常であれば一課の取調官がホシの調べを行い、俺たちは裏付け捜査に回るような案件だ。そんな大役が自分に務まるかどうか、自信がなかった。

（もし浅川が俺の調べを拒否して、この事件が上手くいかなかったら……）

そう思って及び腰になったというのが本音だった。だが、課長はそんな俺に言った。

「やってみろよ。もしかしたら一課に行けるチャンスかもしれないぞ」

「俺、一課なんか行きたくないですよ。行けるわけないじゃないですか」

そんなやり取りの後、俺は覚悟を決めて浅川のいる取調室に向かった。

浅川は俺が心配していたのとは違って、最初から否認をしなかった。「覚悟の上」ということだろう。

「刑事さん、ぜんぶ言いますよ」

それから浅川は自らの身の上を含めて俺の調べに素直に答えた。そして、自分がムショに入っていたのは「身代わり」だったと言った。

「本当は犯人が他にいるんですよ」

そう告白した浅川は、刑務所から出所した後、恋人だった被害者の女性に会いに行った。未練があったというわけだ。そのときに「キャーッ」と女性が叫んだため、コンビニまで追いかけて刺した。聞けば動機は単純なものだった。よりを戻したいがために女性を追いかけたら、ストーカーのように思われたというわけだ。

ところが、とりわけ大きな苦労があったわけでもないこの調書が、管理官や一課の係長に高く評価されることになったんだ。

とくに褒められたのは、女を追いかけ回していた浅川が女の車に乗り込んだ時の場面だった。「非常に女の良い匂いがした」というディテールを、俺は調書に入れていた。ムショから出てきた浅川が、久しぶりに女の良い匂いをかいだことを強調するためだった。

その記述を読んで、

「ああ、いいねェ」

と、言ってくれたのが、当時の一課係長の綿貫さんだった。

「匂いを書くっていうのは、すごくリアリティがある」

そうして平成16年（2004年）の3月、俺は警視庁捜査一課の特別捜査第二係に呼ばれることになった。

代打で担当した殺人事件の調書を上手く取れたことで、綿貫さんが引っ張ってくれた形だ。おそらく小平の事件で取調べを担当しなければ、署にいた俺が一本釣りされるように、警視庁の捜査一課に呼ばれることはなかったに違いない。

すでに書いた通り、俺は自分が刑事の憧れである一課で働けるとは、全く考えたこともなかった。だが、それ以上に驚いたのは、その一課で俺が最初から取調官を任されたことだった。取調官は当時9つある係ごとに一人ずつしかいない、重要な役割を担う刑事だ。数百人という刑事がいる一課の中で、取調官に選ばれるのは限られた者だけである。それぞれに取調べの手法やテクニックも異なるし、取調官同士は顔くらいは知っているけれど、係が違うのでお互いにどんな取調べをしているのかは知らない。

俺のような異動してきたばかりの刑事は、たいてい裏付け捜査などに回されるものだ。取調官はそのなかで鍛えられた上でなるのが普通なのに、俺の場合はいきなりその仕事に抜擢されたわけである。

それだけ綿貫さんに小平での調べが評価された、自分の調書をかってもらえたのだと思うと嬉しさもあったが、それよりも感じたのは大きなプレッシャーだった。

そして、俺は一課に配属されてすぐに、ある事件の取調官を担当することになる。それは大手広告代理店の社員が殺害され、山梨県でバラバラの遺体となって発見された事件だった。

第四章

2004年　成果

大手広告代理店社員殺害事件

事件の発端は平成16年（２００４年）３月、東京の大手広告代理店の馬場正志（仮名）という社員が、行方不明になったことだった。家族は探偵も雇って捜していたようだが、馬場の行方は杳《よう》として分からなかった。

行方不明者の捜索では、まず当該者の携帯電話や銀行の記録を調べる。もしその人物がすでに亡くなっているとすれば、携帯電話での通話が「その日」を境になくなる。また、銀行の入出金記録でも金の動きが止まるからだ。一方で行方不明者が生きている場合、携帯電話で誰かとは連絡を取り合っているものだし、生活のために銀行から金を引き出している。

馬場は後に殺害されたと分かる日を境に、携帯電話も金も全く使わなくなっていた。そんななか、その日の前後の関係者の動きを調べていたところ、捜査線上に浮かび上がったのが、馬場の取引先の一つだった中小企業経営者の伊田淳（仮名）だった。

Nシステムを調べていた綿貫係長が、

「あ！」

と、声を上げた。

「おい、こいつ、山梨に車で行っているぞ。これは遺体を捨てに行ったんじゃないか？」

Nシステムが示していたのは、山梨県のある村の樹海の辺りに伊田が向かったという情報だった。

「ああ、これはそうかもしれませんね」

そうして取調べ班は伊田に任意同行を求めることにした。

ただ、Nシステムで伊田が山梨県に行っていたことが分かったからといって、それだけではまだ殺しの何の証拠にもならない。「仕事で行っていた」と言われてしまえば、それで話は終わってしまうからだ。

「でも、誠ちゃん。これは証拠もなにもないけど、どうしたらいい?」

綿貫係長が言う。

証拠がまだ何も見つかっていなかったため、伊田が犯人であるのならば、死体の場所を本人の口から言わせるしかなかった。

「もう落とすしかないですよね。山梨で死体を見つけるしか方法はないんじゃないですか」

「そうだよなあ。なんか切り札ある?」

「なにもないですよね。山梨に仕事に行ってたって言われたらこれは終わりですよ」

「うーん。でも、死体を出すしか手がない。誠ちゃん、なんとか落としてよ」

そう言われ、俺は胃が縮こまるような不安と恐怖を感じた。

任意同行に向かうとき、綿貫係長にこう言われたことは忘れられない。

「誠ちゃん、14時までに落とせよ、と課長が言っていたんだよ」

「なんで14時なんですか？」

「だって、掘り起こすときに暗かったら、遺体を掘り起こせねえだろ。山梨はここから行くのに2時間はかかる。夜になったら、樹海には行けないんだよ」

「いやぁ、ちょっと待ってくださいよ……」

任意同行だから、その日のうちに落とせなければ、伊田を家に帰さなければならない。そして、伊田の逮捕状を取るためには、本人を現地に連れて行き、遺体の場所まで案内させて「ここです」と指さした状態で写真を撮る必要がある。この作業は明るいうちにしかできないため、「今日中にやれ」と課長が綿貫係長に言っているわけだ。

「これが一課に来て初めての俺の取調べになるのか――」

与えられた時間は、午前中から14時まで約4時間――。

そこで、俺は伊田に任意同行を求める際、ひとつの案を練ることにした。それは自宅で任意同行を求めるのをやめ、出社するまで待つ、ということだった。

なぜなら、伊田には妻と子供がいる。家族の前で警察に連れていかれてしまうというのは、本人にとって最も避けたいことだと俺は想像した。それをしてしまうと、頑なになって喋るものも喋らなくなってしまうかもしれない。

だから、伊田が会社に出社するのを待ち、会社の前で車を降りるところで声をかけ、警視庁への任意同行を求めることにしたんだ。

ホシが最も心配するのは、女房と子供のことだろう。だから、女房と子供がいる前では、絶対に任意同行はかけない。これはホシに口を割らせるための鉄則、もっと言えば「手」のようなものだ。警察がホシに恩を売るのである。

つまり、伊田が出社するのを待ったのは、恩を着せて取調べのカードを一つ増やすためだったわけだ。

伊田は小柄で、見た目には人の好さそうな男だった。しゃべり方も穏やかで、会ったときには「こいつが本当にやったのかな?」と俺も思った。また、捜査では関係者の誰に聞いても「良い人」と答え、悪く言うヤツがいなかった。

そして、取調室での伊田は最初、事件について何も喋らなかった。

とはいえ、ポリグラフをかけると、目を白黒させて、椅子からずるずると落ちていくような反応を見せた。

だが、証拠がない。

「この日に山梨に行ってるけど、何をしに行ったんだ?」

「……仕事です」

予想した通りそんなやり取りになって、午前中の調べでは埒が明かなかった。

ああ、ダメだなこれは……。そう思った俺は、昼食後にカードを切ることにした。

「伊田さんよ。警察だって気を遣ってるんだよ。なんで家に行かなかったのかわかる？」

「……」

「女房と子供がいるからじゃん。あんたに嫌な思いをさせるわけにはいかないだろう？でも、今日、話してくれなかったら、俺たちはあんたを明日の朝、迎えに行かなくちゃならない。今度は会社の前ってわけにはいかないよ。あんたが来ないかもしれないからな」

すると、伊田はしばらく考え込んだ後、

「わかりました……」

と、言った。

「刑事さん、家には来ないでください。言います。私がやりました……」

ホシというのは自白したとき、何とも言えないほっとした表情を浮かべる。伊田の場合もそうだった。

そして、伊田は殺害した馬場の遺体をどこに捨てたのかを、俺に話し始めた。

殺害の動機

殺人事件の捜査で供述が証拠になるためには、被疑者本人に上申書を書かせる必要がある。

「私の別荘の目の前に埋めました」

俺はその場所の地図を広げて、詳細をさらに聞いた。

そして、伊田が、東京・代々木公園近くに停めた車の中で馬場の首をロープで絞めて殺害した後、自身の別荘の敷地で遺体をバラバラにし、ビニール袋に詰めて埋めたと告白したため、俺たちはすぐに伊田を連れてその山梨の別荘へと向かった。警視庁を出た時刻は綿貫係長の指示した14時前だった。どうにかリミットを守ることができた。

少し呆気にとられたのが、伊田が馬場の遺体を山梨に捨てにいくことになった経緯だった。

伊田は会社のワゴン車内で馬場を殺害した後、遺体を何かの袋に詰めて自分の車のトランクに入れていた。ところが、その後のNシステムの動きを見ると、馬場が殺害された日以降も伊田の車は都内の様々な場所に移動している。

それがなぜなのか気になっていたのだが、伊田によれば「妻が知らないうちに運転しちゃったんです。俺もびっくりしました……」とのことだった。つまり、伊田は遺体を自家用車のトランクに入れてから、しばらくそのままにしていたわけだ。ところが、女房がそれを知らずに車を運転してしまい、「これはまずい」となって慌てて遺体を捨てるために山梨に向かったようなのだ。

山梨に向かう車の中で、俺は「14時という約束を守れた」とひとまず胸をなでおろしていた。

だが、本当に遺体が出てくるまでは、もちろん安心はできない。

その日、俺たちは遺体を搬送するトラックなど、他の係を含めた何台もの車を連ねて伊田の別荘へと向かった。

手元には取調べで書かせた地図がある。現地で伊田が指し示した場所を捜索すると、バラバラになった遺体が次々と出てくることになった。

「出た、出た。ここあったぞ」

「あ！　こっちにもありました」

捜索するメンバーから次々と声が上がる。

別荘の前にはクレーターのような岩穴がいくつかあり、伊田は遺体をノコギリで切断して袋に入れた上でそこに入れ、上に石を置いて外からは見えないようにしていた。

時刻は午後4時過ぎ。周囲は徐々に暗くなりつつあった。

遺体が出てきて運ばれるのを見ながら、俺はようやくほっと一息ついた。

「ああ、これで俺もやっと一人前になれるのかな」

という思いが胸に湧いてくる。

もし伊田の取調べに失敗していたら、一課に来たばかりの俺は「使えない奴」とレッテルを貼られて終わりだったかもしれなかった。

このときの捜査で印象に残っていることがある。

それは口を割ってからというもの、伊田がどこか笑みのような表情を浮かべていることだった。もちろん、伊田は可笑しくて笑っているわけではなかった。「もう、こうなったら仕方ないな」という諦めの笑みだったのだろう。

後に取調官として経験を積んでいくうちに理解したのだが、ホシというのは常に緊張しながら日々の生活を送っている。「いつ捕まるか」「いつ刑事が自分のところにやって来るか」とびくびくしているわけだ。その気持ちにはどこか、「早く自分を捕まえて欲しい」という思いすら含まれていると感じることもある。

実際に伊田も馬場の殺害を認めたときは、「ああ……」と大きなため息をついて、

「言っちゃいましたから、タバコを1本吸わせてください」

と、ほっとしたような表情を見せた。

喋ったからには、もう俺のような取調官に責められなくてもすむ、ということだったのだろう。

そして、

「人を殺してしまったから、いつ刑事が来るのかと家にいてもずっと怖かった」

と、言った。

「街を歩いていても、みんなが刑事に見えました。俺のことを張っているんじゃないか。もうバレているんじゃないか、と怖くてたまらなかった。家の玄関で音がしたら、刑事が

来たのかと思って毎日怖くてたまらなかった」

つまり、伊田は逮捕されて罪を告白したことで、その恐ろしさから解放された。どこかリラックスした様子なのはそのせいだったのだろう。

だから、一度口を割った伊田は、聞かれたことに全て素直に答えるようになった。どのように馬場を殺害したか、遺体をノコギリでどのように切断したか、伊田は息を吐くように話した。

「頭に浮かんだのがうちの別荘でした。そこに埋めるしかないと思った」

「でも、おまえ、ノコギリなんかでよくバラバラにできたな」

「いやあ……。だって、もう必死でしたから」

そんななか、俺が気になっていたのは、別荘で遺体を切断していたちょうどその時刻に、伊田の携帯電話に何度も着信が入っていることだった。聞けば、それは伊田の会社の顧客からのものだった。

「伊田さんさ、この電話にあんた、出てたの？」

「はい。出ていましたよ」

伊田の会社は広告代理店などから仕事を請ける小さな印刷会社だったから、顧客にはどうしても頭が上がらない。その弱い立場もあって、どんなときでも電話に出ないわけにはいかなかったのだ。

だから、伊田は遺体を切断しようと四苦八苦している最中も、かかってきた電話に出ていたわけだ。

「いつも電話に出る主義ですから。どんな顧客でも電話に出るんです」

「それじゃあ、死体を切ってた時も出てたんだな」

「だから、刑事さん。大変だったんです……」

山梨から帰った後、俺たちは伊田を逮捕して再び取調べを始めた。

「なんで殺したの？」

そう聞くと、伊田は言った。

「馬場さんに携帯電話の料金や車のローンも払えって言われたし、家のローンも払えって言われたんです」

供述によれば、伊田は取引先である馬場から仕事を貰うため、いつからか様々な要求に応じるようになったという。

そもそも伊田の印刷会社は馬場の出資も受けて作られたもので、馬場は仕事を回してリベートを取っていた。そのうち馬場の要求はエスカレートしていき、新しく実家の近くで始めるという喫茶店のメニューを個人的に印刷することや、事業の借金の肩代わりまで頼むようになる。仕事の受注を失うことを恐れていた伊田は、そんな関係の中で、馬場にすっかり支配されるようになっていた。

馬場の要求に従っていた伊田の生活は次第に困窮した。普段の生活の様子を聞いてみると、伊田は一日に200円しか使っておらず、朝は水筒に麦茶を入れて、1本100円ほどのバナナを食べるばかりのような日々を続けていたそうだ。

そうした生活を続けてきた伊田は、馬場からさらなる多額な金を要求され、これ以上金を搾り取られたら家庭が立ち行かなくなると思った。そして、ついに馬場を「殺すしかない」というところまで追い詰められたようだ。

「……伊田さん、馬場のローンまで払っていたんだ。大変だったんだな」

俺は「ずいぶんと可哀そうな目にあっていたんだな」と伊田に少しだけ同情した。

この事件が俺にとって忘れられないのは、やはり一課での自分のデビュー戦であったからだ。

しかも、証拠はなく、参考人の口を4時間以内に割らせるという状況は、デビュー戦としてはかなりプレッシャーのかかるものだった。

そもそもこの事件の取調官に自分のような「新人」が当てられたのは異例のことだったといえる。一課に異動してきた俺は当初、最初のうちはホシではなく周辺の捜査や裏付けをやるものだと思っていたのだから。

それだけ小平の事件での俺の取調べを、綿貫係長が評価してくれていたということだ。

もし伊田を落とせなかったら、以後の取調官としての俺のキャリアはなかったのではないか、と思っている。「やっぱり新人ではダメだ」となったに決まっているからだ。

ところが、俺が伊田の供述を上手く取れた上に、死体も出させたことで、

「あの野郎、来たばかりで大したもんだな」

という声が周囲から上がった。

綿貫係長も、

「俺が引っ張ってきたんですよ」

と、言っていたとのことだ。

俺は一課でのデビュー戦でこれ以上ない成果を上げることができ、以後の取調官としてのキャリアが始まることになったんだ。

知能犯の「息子」

ところで、伊田を任意同行するときに、家族の前で同行を求めないという「テクニック」のようなものを紹介した。

俺が「参考人を落とす上で家族の存在は重要なカードになる」ということを学んだのは、まだ署にいたときのことだった。

例えば、小平署で知能犯を担当する知能犯捜査係にいた頃のことだ。詐欺の容疑で逮捕されたある男が、取調べで黙秘を続けていた。

調べが続けられていたある日、男の妻と息子が面会に来た。2人に何気なく話しかけると、息子がこんなことを俺に聞いてきたんだ。

「うちの父ちゃんはちゃんと喋っていますか？」

男は黙秘を続けていたから、

「いや、ぜんぜん喋らないんですよ」

と、俺は言った。

すると、息子の方が頭を下げて謝った。

「そうですか……。刑事さん、本当に申し訳ございません」

「それなら、ちゃんと喋るように言ってもらえませんか？　まあ、それでも喋らないとは思いますけど」

ところが、そんなやり取りを家族と交わした後、男の取調べに戻った時のことだ。

「今日、奥さんと息子さんが来ていたぞ」

「……」

男は黙秘を続ける。

「でも、あれだなあ。おまえ、息子さんはすごく心配しているんだな。お父さんのことを心配して、『ちゃんと喋っていますか？』と俺は聞かれたんだ。できる子じゃないか」

俺は何となく雑談のつもりで話しただけだったのだが、すると、それまで黙っていた男がばっと立ち上がって、「刑事さん！」と声を上げたから驚いた。

「本当にそう思ってくれますか⁉」

俺はここが勝負どころかもしれないと咄嗟に感じ、

「思うよ」

と、言った。

「あの息子は立派だよ。あんたの代わりに謝っていたよ。本当にできる子だ」

「ありがとうございます！」

「おまえはそうして黙っているけど、息子さんは罪は認めなくちゃならない、という気持ちがあるんだな。そこが立派だよ」

「ありがとうございます！」

それから男は「すべて喋ります」と供述を始めたのだった。

この一件があって、俺は、家族を利用すると言っては言葉が悪いが、相手の家族を褒めたり、警察が思いやっているということを示すと、ホシは喋り始めることがある、ということを学んだ。

もちろん全てのホシがそうであるわけではないが、取調べを受ける容疑者の多くが最も心配しているのは、自分の家族のことだという考えが俺の中にはある。ホシは自分が逮捕されたり、罪を認めたりしたら「家族はどうなるんだろうか」「どう思われるだろうか」と不安に思っているわけだ。

取調べではその思いを刺激すると、これまで黙っていたホシが急に話し始めることがある。だから、俺はホシを落とすときに、家族の存在をカードとして切れないか、いつも念頭に置いていたんだ。

荻窪の高齢女性殺人事件

そのような家族の力の大きさという意味で、ここで書いておきたい忘れられない事件がもう一つある。平成29年（2017年）4月、東京・荻窪の一軒家で一人暮らしの高齢女性が殺された事件についてだ。

事件の発端は、行方不明になっていた女性の遺体が、家族による捜索の過程で自宅の床下から見つかったことだった。殺人事件として捜査一課が入ることになり、俺は数人の捜査官と一緒に現場に向かうことになった。

だが、女性は一人暮らしで、殺害される以前の数カ月間に人が訪ねてきた形跡がほとんどなかった。一つだけ気になったのは、自宅のカレンダーに大手工務店の社員の名前とともに「リフォーム」という記述があったことだった。

「こいつがホシかもしれない」

そこで任意同行で呼んだのが、工務店に勤務する坂田和夫（仮名）という男だった。

坂田はリフォームの見積もりを取るために、女性の家に2回訪問していた。だが、ここで俺たちは思った。

「動機がない」

見積もりに2度行っただけで、女性と坂田はほとんど初対面なのだ。

そこで取り調べたわけだが、

「坂田さん。あんた、家に行ったよね」

「行きました」

「何をやった？」

「リフォームの相談を受けました」

「でも、リフォームやってないよね。どうなってんの？（女性は）死んでたんだよ、床下で。あんたがやったんじゃないの？」

そんなやり取りが続いたものの、坂田は肯定も否定もしなかった。

「やったの？　やってないの？」

「うーん。まあ、やってないかな」

俺は坂田の煮え切らない様子を見てクロだと思った。何しろ、「やっていません」とはっきりと言わないんだ。怪しいにもほどがあるというものだろう。

ただ、証拠がないので、俺たちは坂田を帰さなければならない。そのような感じで坂田を何度も取調べに呼ぶことになったが、結局、何度呼んでも同じ態度だった。

そうこうするうちに、俺たちは坂田の娘が3カ月後に結婚する予定であることを知った。

「なるほど。これは言えねえわけだ」

と、俺は思った。

そして、坂田の自宅へ何度目かの訪問をした日のことだった。その日はウェディングドレスをあつらえに行くということで、坂田の娘も自宅にちょうど来ていた。

「これはまずい時に来ちゃったな。これはもう喋らねえぞ」

と、俺は梅村拓也主任（仮名）に言った。

ただ、そのとき思ったのが、一緒にいた坂田の妻が正義感の強そうな人物だということだった。そこで娘が帰った後、俺たちは妻に車まで来てもらい、3人で相談をすることにした。

すると、どうやら彼女も坂田の行動に辻褄の合わないものを感じていたようで、こう言うんだ。

「刑事さん。うちの旦那、何かしたんでしょうか。刑事さんの言うその日に、リフォームで荻窪の方に行ったと言うんですが、あの日に限って、契約ができなかった、とか。『だってリフォームやるのはもう決まったんでしょ』と言っても、『いや。ちょっと事情があってね』みたいなことを言ってるんですよ」

俺は彼女がそう話すのを聞いて、ここは勝負をかけようと思った。このとき感じた通り、坂田の妻が曲がったことを嫌う人であれば、彼女が坂田を落としてくれるかもしれないと思ったからだった。

「梅ちゃん、これは奥さんに落としてもらおう」

と、俺は梅村主任に耳打ちをして、思い切って彼女に全てを正直に話すことにした。

「奥さん。実はね、その日に殺人事件があったんです。それで、いま、旦那さんが容疑者になっています。俺たちは間違いなく、彼がやったと思ってるんだ。奥さんはそうは思ってないかもしれないけれど、警察ではそう思っている」

「そうですよね……何度も来ますものね」

「でも旦那さんが喋ってくれないんだ」

それから、俺は意を決して続けた。

「奥さん。それで悪いんだけれど、30分でも1時間でもいいから、旦那さんとよく相談してみてくれないか。旦那さんに本当のことを聞いてみてくんねェかな」

これは大きな「賭け」だった。というのも、彼女が坂田に「あんた、絶対に喋ってはダメよ」と言う可能性もあったからだ。

もし妻から「喋るな」と言われたら、娘の結婚のこともあるし、坂田は決して口を割らないだろう。

坂田と妻が話している間、梅村主任は不安そうだった。

「誠さん、これ、ちょっとヤバいんじゃないですか？」

「でも、梅ちゃん。他に手があるか？　いつまでも任意同行を続ける時間もないし、ここで勝負をかけるしかないんだ。あの奥さんならちゃんとやってくれると思う。だって自分の旦那を疑い始めたじゃないか」

30分後、俺たちが玄関で待っていると、坂田が神妙な顔をして現れた。そして、奴は言ったんだ。

「佐藤さん、ぜんぶ話します……」

後ろでは坂田の手を握った妻が泣いていた。

「女房に言われました。女房は曲がったことが嫌いなんです。俺もそれは分かっていたんですが、直接言われて気づきました。私がやったんです」

すると、ほっとしたのか、坂田はこう続けた。

「佐藤さん、タバコ……。最後なんです、吸わせてください」

それから俺たちは坂田の自宅2階のリビングで、上申書を書かせることになった。俺もホシの自宅で、家族が横にいる中で上申書を書かせたのは初めての経験だった。

そのなかで、坂田が話した「動機」は次のようなものだった。

リフォームの相談で家を訪れた初日、坂田はちょっとした雑談で自分の母親の話をした。坂田の母親は認知症で、「いま大変なんです」といった他愛のない話だ。そして坂田は、自分はその母親が再婚した後の子供であるという身の上を語った。坂田は自分を育て、貯金までしてくれた母親のことを深く愛していた。

ところが、その話を聞いた女性はこんなことを言ったという。

「なんだ、再婚？　あんたのお母さんはずいぶん尻の軽い女だったのね」

女性にしてみれば、ちょっとした冗談、という程度の気持ちだったかもしれない。坂田はそう言われて内心、怒りに震えたが、1度目は耐えた。

しかし、女性の家を再訪した際のことだ。坂田は玄関か何かのちょっとした修理を「無料で直しますよ」とやることになったのだが、その修理が上手くいかなかったという。そのとき、女性が坂田に罵声を浴びせた。

「嘘ばっかり言って、親の顔を見てみたい」

坂田の頭には初日に母親を侮辱された怒りがあり、「なに？　この野郎」と女性を勢いで張り倒してしまう。当然、倒された女性は怒り、「会社に言ってやる」と怒鳴る。坂田はすっかり我を失ってしまい、女性につかみ掛かって首を絞めた。そして、ガムテープで体をぐるぐる巻きにした挙句に床下に投げ、さらにナイフで刺した――。

それが訪問2日目に起きた出来事だった。

坂田は自宅2階のリビングで事件のそんな経緯を上申書に書いた。

この事件で俺が思ったのは、人が人を殺すときは、それがどんなものであっても個人的な動機がある、ということだった。

わずか2回会っただけで、しかもリフォームの見積もりをしに来た人物が、これほどの事件を起こすこともある。上申書を読んだ検事も「これ、動機になるの？」と言っていたが、坂田にとっては母親を侮辱されるのは最も許せないことだったのだ。

ホシの自宅リビングで取調べを行い、上申書を書かせるというのは異例中の異例だ。ホシが落ちた瞬間を見るのは取調官だけだが、この時は、皇宮警察から見習いに来ていた捜査経験のない警察官がずっとその様子を見ていた。

「ああ、感動しました。こうやって人は落ちるんですね……」

と、その警察官は言った。

俺はこの頃にはホシが落ちる瞬間をすっかり見慣れていたから、

「そうかあ、初めてだもんね。じゃあラッキーだったよね」

と、返事をした。

第五章

2005年　時効

時効直前のある殺人事件

俺の目の前に、50代のみすぼらしい男が座っていた。

男は俺が事件について聞いても、

「知らない。覚えていない」

と、言うばかりだ。

だが、どこか落ち着かない様子を見せ、ときおり視線をそらしたり、話題を変えようとしたりする。

そんな様子を見て、「クロだ」と俺は思うが、男の口を割らせるのは至難の業だという気持ちが同時に湧き上がってくる。

その宮本喜一郎（仮名）という男は、平成2年（1990年）に綾瀬署管内で起きた殺人事件の重要参考人だった。だが、俺が初めてこの男を取り調べたのは平成17年（2005年）。もうすぐ事件から15年が経過しようとし、時効の成立まで間もないという状況だった。

俺がこの男の取調べをすることになったのは、当時の捜査一課長・久保正行警視正に綿貫係長が推薦したからだが、その時に綿貫係長から言われたことは今でも記憶している。

「ダメだったら、一緒に一課を去ろう」

綿貫係長の覚悟に満ちた言葉に深く感銘したものだった。

しかし、俺としてはどうすればいいのか分からない。

何しろ事件には決め手となる証拠がなく、あるのは決定打には使えないＤＮＡ鑑定と「(犯行現場の近くの)居酒屋で飲んでいた宮本がナイフを持っていた」という目撃証言のみ。15年前の事件発生当時、何度も警察に呼び出されている宮本も「分からない」「知らない」と繰り返すばかりで、一度として事件について話したことがなかった。

「あいつがホシで間違いないんだ」

捜査一課の久保課長はそう話していたが、

(そんなの落ちるわけないでしょう)

と、いうのが俺の正直な気持ちだった。

当時の捜査一課長だった久保さんは、後にこの事件の詳しい内容を自著『君は一流の刑《デ》事《カ》になれ』(東京法令出版)に書いている。この本の中には取調べを担当した俺が「Ｓ主任」という形で登場する。当時、「おまえはすごい取調べをしたから本に載せてもいいか」と言われたのだ。

ここでは同書に依拠して、当時の状況をまずは振り返っておきたい。

事件が起きたのは、１９９０年11月12日未明。車を運転していた予備校生から交番に「男性が頭部から血を流して倒れている」と通報があったのだ。現場は見通しの良い道路で、うつぶせで倒れていた被害者の頭の下は血だまりとなっていた。その頭部が陥没していたため、最初はひき逃げ事件として捜査が始まった。

ところが、検視をしたところ、新たな事実が判明する。被害者の腹部と背中に刺された跡が見つかったのだ。司法解剖の結果、死因は頭部の損傷であることに間違いはなかったが、一方で腹部と背中の刺し傷は肝臓にまで達しており、車にひかれた際には被害者はすでに瀕死の状況だったという。

刺されてから交通事故までの時間は短く、車が被害者をひいたときは倒れている状態だったとみられた。

その後の捜査の結果、いくつかのことが分かるが、そのうちの一つが、事件当日に果物ナイフを持っている客を乗せたタクシーがあったことだった。

また、その客は運転手を強要して飲み屋に同行させており、ナイフをちらつかせる男だったことが聞き込みで分かった。

そんななか、捜査線上に浮かんできたのが、以前に粗暴犯や窃盗犯での前科がある宮本だった。宮本は兄が犯行現場近くに暮らしていたため、周辺についての土地勘があり、酒癖の悪さや喧嘩っ早さで有名な男だった。そして、聞き込みでは「常にナイフを持ち歩いている」ということも分かった。

さらに捜査では、現場近くの川べりの草むらに捨てられていた果物ナイフを鑑定しており、柄の部分には被害者のものではない血液が付着していたことも判明する。

そうした状況証拠だけ見れば、宮本が犯人であることはほとんど確実であるように思えるかもしれない。

だからこそ警察も重要参考人として目を付けたわけだが、この時点では宮本がホシであるという証拠はまだ弱く、〈果物ナイフに付着している血液のミトコンドリアＤＮＡ型が一致〉していると同時に、柄に血液が付着した理由を明らかにしなければならなかった。

このとき、宮本は恐喝罪で警視庁に逮捕されていることが分かり、任意での取調べが行われた。宮本の右手の人差し指の付け根に真新しい傷があったが、そのことを問い質しても「知らない」「酔っていて覚えていない」と語るばかりだったという。

捜査ではこの際に宮本の爪を任意に提出させた。爪とナイフの血液のＤＮＡは一致したが、〈ミトコンドリアＤＮＡ型鑑定〉の個人識別の精度はまだ確かなものではなかった。

これらの状況証拠をもとに逮捕状の請求ができそうなものだが、ミトコンドリアＤＮＡ型のみの鑑定では確率が低いこと、宮本の自供がないことで立件は見送られることになる。

そうして再捜査でこの事件が再び光を浴びたのは、15年の時を経た時効直前のことだった。ＤＮＡ型鑑定の精度が上がっており、冷凍保管してあった血液を再度鑑定したところ、それが宮本のものと一致したからだった。

しかし、ＤＮＡ型鑑定で刃物の柄に付着していた血液が宮本のものだとされても、この事件の問題は、刃物が草むらに投げ捨てられた状態で発見されたため、結局は口を割らせない限りは宮本がホンボシとはならないところにあった。

全ての状況証拠は犯人として宮本を指している。だが、それだけではダメだ。なぜなら、宮本に「ナイフは自分のものだが、怪我をしたのでその辺に捨てた」などと言われてしまえば、それまでだからだ。

宮本を逮捕するためには、取調べによる本人の供述がどうしても必要になる。

そうして時効直前に取調官として指名されたのが、俺だった。

俺は大手広告代理店の社員殺害事件の経験はあったものの、一課にきてまだ1年程度。綿貫係長が俺を取調官に推したとき、久保さんは「佐藤主任で大丈夫なのか」とさぞかし感じたことだろう。

それでも綿貫係長が俺を取調官に使って欲しいと久保さんに言ったのは、その前の小平の事件も含めて俺を高く買ってくれていたからだ。しかも、綿貫係長は「佐藤がやってダメなら、他の誰が調べても無理です」みたいなことを言ってくれたようだ。

それだけ高く評価してもらえていたことは、もちろん嬉しかった。しかし、今回の調べは15年のあいだ口を割らず、このまま黙っていればあと少しで時効を迎えることになる参考人が相手だ。

さて、どうするか――。

プレッシャーが強くのしかかり、頭を抱えるような思いだった。

不幸な人生を送った男

取調室で向かい合った宮本は、前述の通り何ともみすぼらしい男だった。酒焼けをしたチンピラ——というのが第一印象だ。

普段は仕事らしいことはしておらず、生活保護を受けて暮らしている。酒好きで、町をぶらついているような男だ。宮本はこのときも万引きで捕まっていて、留置先の埼玉県川口署で俺は任意の取調べを始めた。

しかし、15年の間、事件について「覚えていない」と言い続けてきた通り、俺の質問に対しても「忘れた」と言うばかりだった。

「俺は知らねえ。やっちゃいねえ。前にも言ってんだ。俺はやっちゃいねえ」

そんな感じである。

俺も一時は相当にいらいらして、「そんなわけねえだろ！　ちゃんと言え！」と怒鳴りつけたこともあった。それでも、宮本は「知らない」と繰り返すばかりだった。

「おまえだろ！　おまえがやった以外に考えられねえじゃねえか」

「俺じゃねえよ！」

怒鳴り合いもあったし、3時間くらい2人でにらめっこをしている状態にもなった。

プレッシャーが日に日に高まるなかで、俺は「これはどうしようもない。無理だ……」

と何度か思った。とにかく、2日目も3日目も「俺は知らねえ」の一点張りなのだ。「どうにかしなくちゃならない」と焦る気持ちもあったが、一方でいつまでも「おまえがやったんだろ」「知らねえ」という問答をやっていても時間が経つばかりだ。

宮本と取調室で対峙しながら、ふと事件の話はひとまず置き、少し休むつもりで別の話をしようと思った。

そのときに思いついたのが、宮本に漢字の練習をさせることだった。というのも、宮本は自分の名前を漢字で書くことすらできなかったからだ。

あるとき、

「名前くらいは書けるでしょ」

と書かせてみると、宮本は自分の名前の漢字を間違えた。

「あれ書けないね。宮本さん、あんた字が書けないんだ」

「うん。書けないよ、俺」

「それなら、ちょっと一緒に練習してみないか。名前を書けないのは困るだろう？」

「うん」

「じゃあ、俺といる間に書けるようになりなよ。あんただって、これからやっていかなきゃなんねえだろ」

それは半ば取調べを諦めかけたというか、開き直ったような気持ちで、特に何を意図することもなくした提案だった。

ところが、この提案が功を奏すことになる。

俺は事件の取調べはひとまず忘れて、このときは宮本に漢字を真剣に教えた。まずは名前を書けるようにして、その後は数字や「耳」や「右手・左手」「目」といった字を教えていく。たしか3日くらいは2人で漢字の練習をしていたと記憶している。

当時の気持ちを素直に話すと、これは宮本に自供させたくてしたわけではなかった。俺は自分の名前も書けない奴とやり取りするうちに、何だか気の毒になってきたのだ。

(この男だって学校に通っていただろう。小学校や中学校で先生は、少しでも字を教えようとしてはくれなかったんだろうか。例えば、テストの時、名前を漢字で書けない宮本はどうしていたんだろうか。先生には相手にされなかったんだろうか)

捜査では宮本の行動確認をしている。それによると、宮本は結婚の経験もなく、一人暮らしで身よりもない。普段はどこにもでかけず、ときおり外に出たと思ったらタバコを買いに行って帰って来るだけだ。

調べの中で俺が、「何か楽しみはあるのか?」と聞くと、「タバコを吸うこと」と宮本は言った。

いったいどういう不幸な人生を送ってきた男なのだろう、と俺は思った。

自分の名前が書けた日

ちなみにこれは余談だが、ホシを取り調べる際は、相手の過去やこれまでの背景を俺たちは徹底して調べる。そのことが、調べの中で活きることが多いからだ。

例えば、ホシが女であった場合、捜査では照会することにより、中学校や高校の教師に「指導書を見せてくれませんか」と言う。そうすると、ホシの性格や「責任感がある」といった教師の雑感が全て書いてある。

「じゃあ、この子の友人は誰だろう」

そう思えば卒業アルバムを借りて、「この中に仲良くしていた子がいますか」と聞く。すると、友人だった人物が浮かび上がってくるものだ。

そして、その人物のところに行って、俺たちはこう聞く。

「あの子、どうでしたか？　別に事件には関係ないのですが」

それで「すごく出来る子でした。頭が良い子ですよ」と相手が言えば、

「ああ、そうですか。ちなみに彼氏なんかいない？」

「確か○○さんと付き合っていたんじゃないかなあ」

と、情報が入ってくることになる。

今度はその元恋人のところにも俺たちは行く。そうすれば、ホシと男の間にどんなこと

があったか、なぜ別れたのかといった話が聞けるだろう。

そうしたプライベートな話であっても、刑事に対しては多くの人が協力してくれるものだ。「何かあったんですか」と聞かれても、俺たちは「その子が悪いことをしたわけじゃないから」と誤魔化すわけだが。

そして、

「じゃあ、また何かあったら電話をしてください」

と、必ず名刺を置いていくのを忘れてはならない。そうすると、案外に電話がかかってきて、「そういえば……」と新たな情報が入ってくるものなのだ。

そうして集めた情報が、取調べの時に役に立つ。

「あのさ。中学のときにどういう人だったの」

と、聞かれたホシが話す内容が、嘘か本当かが分かるからだ。

また、何よりホシが不安にかられるのが、恋人関係の情報をこちらが摑んでいることを知った時である。

「付き合っていた子はいるの？」

「いや。いません」

「あれ？　じゃあ○○君は？」

そんな会話の中でホシは「警察はどこまで知っているんだろう」と必ず疑心暗鬼になっ

ていくからだ。

そうした感情をホシが抱くようになれば、落ちるまではあともう少し、だという感触を俺は持つ。

だが、宮本の取調べでは、そのような手段は使えなかった。そこで、俺は取調べも膠着状態であるなら、せめて宮本に漢字を少しだけでも教えてやろうと思っていた。

最初に自分の名前を漢字で書けるようにお手本を書くと、宮本は一生懸命に練習を始めた。2時間、3時間と集中して漢字を繰り返し書き、一日かけてついに何も見ないで名前を書けるようになった。その様子を見ながら、俺は宮本にとって漢字を書けるようになることは、とても困難で努力が必要なことなのだと思った。

その翌日のことだった。

俺は宮本が漢字を忘れてしまうのではないかと思ったが、その日、宮本は自らこう言ってきた。

「もう一回、書いてもいいですか？　名前が書けるかどうか鉛筆を貸してください」

そして、紙に向かって字を書く。

そこには宮本の名前がちゃんと漢字で記されていた。

「ああ、合っているよ。良かったな。覚えたんだ」

そのとき、俺はそう言って笑った。すると、宮本も「ああ、よかった」というように、

「覚えていたんですよ、俺。覚えてたんですよ」と、ほっとした笑顔を見せた。

「ありがとう。やっと書けます」

それから、俺たちはさらに漢字の勉強を続けた。

「じゃあ今度は自分の名前じゃなくて、基本的な目とか耳とかもやるか？」

俺がお手本を書くと、宮本は「耳」と何十回も繰り返し書いた。

「覚えた？　口も書く？」

「口は簡単」

「そりゃそうだ。口は〝カタカナのろ〟だからね」

その後、「耳が難しい」「鼻はなかなか書けない」と、2時間でも3時間でも宮本は漢字の練習を続けていた。

唐突な告白

そうして漢字を教え始めた数日後のことだ。宮本が唐突にこう喋り始めた。

「あのとき、俺が刺したんだ」

俺はそのとき、事件について詳しく聞こうとしていたわけではなかった。だから、これには「そうなの？」と立会人も驚いていた。

「なんで？　刺したっていう証拠はある？　ナイフで刺したの？」

「うん、そう」

「持っていたの？」

「そう」

「じゃあなんで刺したの？　金目当てか？」

「ちがう。ヤツがぶつかってきて俺がナイフを出したら、『おまえ、刺せるもんなら刺してみろ』って言うから刺しちゃったんです」

「本当？」

「本当だよ」

「なんで喋ったの？」

「うーん、わかんない」

俺はなぜ宮本が唐突に喋り始めたのか、全く理由が分からなかった。それは当時、宮本にも分からなかったに違いない。だが、とにかくここで事件について聞くしかない。

「じゃあナイフはどうしたの？」

すると、宮本は言った。

「ひょいと捨てました」

この「ひょい」という表現が、今でも俺の記憶には残っている。

「うん。川のところにひょいって。今はその川には小屋みたいなのが建ってる。昔はそれがなかった」

それは宮本の語った「秘密の暴露」だった。確かにナイフが捨てられた場所には、いま、東屋がひとつ建てられていた。ホシしか知りえないことを、宮本は告白したわけだ。

それから結局、宮本は平仮名で上申書を書いたのだが、まだ乗り越えなければならないことがあった。それは地検の副部長の前で宮本が同じ供述をするかどうかだ。

綿貫係長は、主任である俺の前で「刺したのは自分だ」と言っていること、ナイフを「ひょい」と捨てた場所に現在は東屋があり、ホシがその「秘密の暴露」を行っていることを検事に電話で伝えた。その上で、綿貫係長は俺にこう言った。

「佐藤主任。落として供述の調書も取ってくれたのはいいんだけれど、検事さんが『俺の前で喋らなければダメだ』と言っている」

そして、地検の副部長が直接、宮本のところに来ることになった。

彼が「検事の前での自供」にこだわったのは、警察が作る参考人供述調書は証拠として認められないことが多いからだ。警察での調書は検事の調べのためのメモのようなもので、証拠の信用性には月とスッポンほどの差がある。

どうしても警察官にしか喋らなかった場合は、裁判所で被告が「内容に間違いはありません」と言えば証拠になる。だが、今回の場合は検事の前でホシが喋ることは、起訴の最低限の条件とされていたわけだ。

また、このとき地検の副部長自らがやって来たのは、時効の1カ月前だったからでもあっただろう。これまでどうしても口を割らなかった宮本が喋ったことが、にわかに信じられなかったのだ。

まさか検事も俺が証拠を捏造するとは考えていなかったはずだが、「脅して無理やり喋らせた」という可能性くらいは考えたのだと思う。

何しろ、宮本は黙ってさえいればあと1カ月で時効が成立する人物だ。「言うわけないだろう」と検事が感じていたとしても不思議ではない。

そもそも検事には警察の調書をそのまま信用しないところがある。しかも、今回の事件の調書は平仮名で書かれているので、なおさらそう思われても不思議ではなかった。地検の副部長がわざわざ地方の警察署にまで来て確かめようとしたのは、俺の取調べが適正であったかを自らの目で確かめたかったからに違いない。

しかし、本来であれば担当検事が取る調書を、決裁をする立場の副部長が取るなんていうのは、その後も俺は見たことがない。

だから、俺は宮本が検事の前で同じ話をするかどうか、不安で仕方がなかった。「宮本は俺には喋ったけれど、初対面の検事さんの前で喋るかな……」と思うと、気が気ではなかった。もし宮本が全く異なる話をしたり、再び何も喋らなくなったりしたら、俺は取調べのやり方が不適切だったと疑われるかもしれないからだ。

「検事さんの前で喋るかどうかわからないですよ」

と、俺は綿貫係長に言った。

「だって、俺が漢字とか教えていたら、あいつが自ら突然言ったんですよ。たぶん俺を先生とか恩人のように思ったんじゃないですかね」

頭を下げた検事

しばらくすると検事がやってきて、宮本のいる取調室に入っていった。

俺は緊張しながら待っていたが、途中で立会人が俺の下に走って来た。

「宮本の野郎、ちゃんと言ってますよ。検事にも同じことを喋っていました」

驚いたのは、しばらくして副部長が調書を取り終えた後、俺が宮本を引き取った際、副部長は、

「敬服します。宮本はちゃんと言いました。起訴します」

と、言って俺に頭を下げたんだ。

その後、捜査一課に20年近くいることになった俺も、地検の副部長に頭を下げられたのはこのときが最初で最後だった。

その様子を見ていた綿貫係長も、

「副部長が頭を下げたのを初めて見たよ」

と、言った。

副部長は「どうして落ちたんだ？」と不思議がっていたという。しかし、その理由に特別なことなど何もなかった。漢字を教えて勉強をさせ、「自分の名前くらい書けないと、これから生きていくのに困るだろう」と宮本のことを俺は心配した。ただそれだけのことだ。

ちなみに、宮本の供述内容は次のようなものだった。元捜査一課長の久保さんの本から引用しておきたい。

〈平成2年に懲役を終えて、兄貴に金を借りようとアパートに行ったが、居なかったので近くでウーロンハイを飲んだ。その帰り道に酔っぱらいの男と身体がぶつかってケンカとなった。持っていた果物ナイフを見せたら「やれるものならやってみろ」と言い返してきた。相手の腹をぶっ刺した〉

〈ナイフはその場に捨てず、少し歩いたドブ川にひょいと捨てた〉

綿貫係長は俺にこう言ってくれた。

「よくやったな。でも、まだまだひよっこだぞ。これをきっかけに仲間入りしたんだから、これから、おまえが調べをやるときは、必ず落とすような調べ官にならないと駄目だぞ」

また、久保さんも後に自著に俺のことを書いてもいいかと連絡してきたとき、こう言ってくれた。

「本では名前は出さないけれど、俺はこの事件の取調べが一番すごいと思ってるんだ」

要するに、俺は大手広告代理店社員殺害事件の後、この事件によってようやく一課の取調官として認められたわけだ。

この事件にはちょっとした後日談がある。宮本の取調べを行ったのは、9月から10月に入る秋のことだった。季節は寒くなる時期で、取調室も少し冷えることもあった。だが、宮本は夏服を着ており、ごほごほと咳をして「風邪を引きそうだ」みたいなことを言う。それで、俺は自分の着ていたジャンパーを、「寒いだろう。それならこれを着ろ」と言って渡した。宮本はそのことにも「優しさ」を感じたのかもしれない。

ただ、後で気づいて「しまった」と思ったのは、宮本が事件について供述して起訴され、東京拘置所に移送されたとき、俺が貸したジャンパーをそのまま着て行ってしまったことだった。それが弁護士に問題視され、俺は公判に呼ばれた。「警視庁の捜査一課の佐藤はジャンパーを貸した。それは供述を取るためだった」というような話になったからだ。

「佐藤さん。これは供述をさせるための利益供与のつもりだったのですか」

と、裁判官に問われ、

「いや。裁判官、目の前で人が寒がっていたら、普通は上着くらい貸しますよね？」

と、俺は言った。

裁判官は笑って「まあ、そうですね」と言っていた。

ポライト状態

それにしても、宮本はなぜ俺の調べに対して、15年も喋らなかった事件について口を割ったのだろうか。俺自身、取調べの途中には諦めかけたこともあったほど、当初の態度は頑なだったにもかかわらずだ。

そのことについて考えた俺は、取調官として宮本と対峙した経験から「2つの調べの姿勢」を学んだと思っている。

ひとつは、ホシのことを真剣に考え、親身になって付き合うことの大切さだ。

他の取調官がどんな調べのスタイルを持っているかは分からないが、俺の場合は怒鳴ったり脅したりという態度は取らない。

「あんな刑事、顔も見たくねえな。また今日も怒鳴られるんだな」

と、思われるよりも、

「ああ、あの刑事さんと喋ると楽しいなあ」

「俺のことをちゃんと考えてくれているな」

と、思われる方が、ホシは口を割ると思っているからである。

それは取調べのテクニックと言っていいかもしれないが、宮本の取調べの後に自然と俺が取るようになった姿勢だ。

宮本は漢字を教わったことで、俺に対して恩義のような感情を抱くようになったのだと想像する。「本当のことを喋らないと、この刑事さんに悪いな」と宮本はきっと思うようになったのだ。

俺は調べの現場でホシがそのような心理になることを、「ポライト状態」とひそかに呼んでいる。「ポライト」はpolite。英語で「相手を尊敬する」とか「相手の気持ちを思いやる」という意味だ。

例えば、宮本の場合は漢字を丁寧に教えたことで、俺のことを「この人は自分に親身になってくれる人なんだ」と感じたに違いない。その思いをホシに抱かせることさえできれば、「本当のことを喋ろう」とか、もっと言えば「本当のことを喋らないと刑事さんに悪いな」という気持ちまであと一歩ということになる。

宮本は自分が喋らないことによって、俺が困ってしまうことを心配するような心理状態になったのだと思う。だから、漢字を丁寧に教わったことで、事件について唐突に話し始めたのだと俺は考えている。

実際に取調べの中で、

「宮本さんが喋ってくれねえと、俺は本当に困っちゃうんだよ」

という言葉を俺は何度も言っていた。

そのとき、宮本はどこか悲しそうな目をしながら、俺のことを見ていたものだった。

そして、大きなポイントだったのが、宮本が検事の前でも同じ話をしたことだ。警察の調書はすでに書いた通り、証拠としての能力は低い。供述が裁判での証拠となると判断されて起訴されるためには、検事の取調べでホシが話さなければならない。

つまり、容疑者が「落ちる」という状態とは、取調官の前で喋るだけではまだ足りない。その時点では「完落ち」とは言えないわけだ。

そのために必要なのが、「ポライト状態」にホシがなることなんだ、と俺は宮本の取調べで実感した。ホシに「俺が喋らなければ、刑事さんが困ってしまう」と思わせて初めて、検事の前でも供述をするという確信が得られるのだ。

取調べの中でもう一つ、その後の俺が気をつけるようになったことがある。

それは、ホシに対して上から目線で喋ったり、圧力をかけるような態度をとったりしないことの大切さだ。時には下手に出るようなつもりで、ホシとは対峙する。

だから、俺は常に「宮本さん」と語りかけていた。取調べの前に留置場から容疑者を連れて来るときも、取調室から留置場に戻るときも、直接顔を出してなるべく一緒に歩いた。取調室で、「もういいよ、下げて」という態度を取らず、ホシと同じ目線に立つように心がけたのだ。宮本の事件は俺にとって、取調官としてのその後の基本的な姿勢を学んだものとなった。

第六章

2005年　監禁

「幽霊を見てみたい」

警察官をしていると、ときおりとんでもない動機の事件というものに出会う。

例えば、俺が署にいた頃に、こんなことがあった。ある日の夜、車のひき逃げ事件があり、交通課の警察官が1人しかいなかったため、宿直だった俺も捜査員として現場に急行した。被害者は幸いにも大きなけがをしておらず、意識もある。現場の道路は見通しが良く、人が撥ね飛ばされるような場所には見えなかった。

俺はひき逃げの現場は初めてで、被害者に状況を聞いた。

「おかしいな、これ。狙われたんじゃないの」

「そうかもしれないですね」

そこでひき逃げをした車のナンバーをNシステムで追跡したところ、あっさりとホシを割り出すことができた。

ところが、俺がその男に「なんでやったの？　これ、知っている人？」と聞くと、相手はこう言うんだ。

「知らない人です」

「じゃあ、なんでこんなことしたの？」

そして、しばらく取調べをしていると、男は驚くような「動機」を語り始めた。

「実は本当のことを言うと、一度でいいから幽霊を見てみたいんです」

つまり、ホシは「人を殺したら幽霊が出るんじゃないか」と思い、見ず知らずの被害者をひき逃げしたというわけだ。

「だから、殺そうと思ってわざとはねました」

これには俺も思わず黙ってしまい、何も言えなかった。そして、人が罪を犯そうとする動機というのは、本当に理解不能なものがあるのだと実感した。

「おまえさ、変わってるなあ。おかしいぞ。そんなことしたって、幽霊なんて出ないぞ」

だが、男は「出るかもしれない。どうしても見たいんです」と繰り返すのだった。

俺はその調書を検事に渡したが、検事もすっかり困惑していた。

「佐藤さん。お化けを見たいじゃこれはダメだよ。動機になってないよ。なんかあるんじゃないの？」

「いや。ないんですよ、本当に」

「ええ、これはどうやればいいのかな」

「でも、しょうがないじゃないですか。お化け見たいって言うんだから」

「そうだなあ。でも、こんなの動機になるかよ。こんなことで人を殺す？」

「確かにそうですよね。これで人を殺した奴はいないですよね」

「野郎はほかに理由がないの？」

「ないです。だって、被害者と全く接点がないですから」

「そうか……」

検事はすっかり困り果てていたが、最終的にはこの調書が通り、男は殺人未遂で起訴されることになった。

あるいは、同じ時代にはこんな事件に遭遇したこともある。

ある夜、金属バットを構えたホシが、電柱に隠れて、自転車で来た男を「バーン」と野球でもするように顔面を叩いた。逮捕したホシが言っていたのは、

「あいつは女の前で俺に恥をかかせた。だから狙った」

という動機だった。

聞けば、駅で恋人と一緒に並んで歩いていたとき、ホシは噛んでいたガムをぷっと線路に吐き捨てた。すると、近くを歩いていた被害者に注意をされたというのだ。

以来、ホシはその男が帰って来るのを金属バットを持って毎日駅で見張り、見つけたところで先回りしてバットで殴ったのだ。

これもほとんど殺人未遂のような事件だが、やはり検事も「これが殺そうとする動機になるの？」と首をかしげていた。

それから、取調べをしていてときおり出会うのは、妄想とも言える動機を述べるホシだ。夫の浮気相手を殺そうとした女が、

「私、この女に負けたくなかった。どっちがイイ女か、熊に食わせて選んでもらいたい」と、語ったこともある。

女は夫の浮気相手のもとに行き、「殺してやる」と刃物を振り回した。だが、「もう私はどうなってもいいんだ。熊はイイ女を食べるだろう。私は喜んで熊に食べられたい。この女にだけは負けたくなかった」

そう言われて、俺は絶句するしかなかった。

母親を殺した娘が、「もう一人の自分がやった」と言い続けたこともある。

「私、おかしいですかね？」

「うーん。そりゃあ、お母さんを殺しちゃうっていうのはね……」

「でも、刑事さん。もう一人の私が出てきて、やったことなんです」

これにも非常に困って、精神鑑定に回した。しかし、鑑定では問題はなく、すっかり俺も困り果ててしまった。

この社会にはこのように、様々な「動機」がある。幽霊が見たいからと見ず知らずの人を車で轢く者もいれば、ガムをぷっと吐いて注意されただけで、相手を待ち伏せして金属バットで殴る者もいる。人によってはそのような動機によって、殺しをしてしまうケースがある。計画的であったり突発的であったりするだけではなく、単なる興味だったりプライドだったりすることもある。

それらの供述は文字にすると、読んだ検事が「そんなことで人を殺す？」と訝《いぶか》るようなものだが、調べの中でのホシの真剣さには鬼気迫るような迫力があった。

「もう一人の私が出てきてフッと手が母の首にいったんです」

「ああ、そうなの」

「だって殺せ、って言うんですもん。フッとね、手がいったんです、母の首に。わかります？　刑事さん」

「俺にはわかんないけどな」

こうした相手に対しても、取調官は真剣に向き合わなければならない。

要するに、ホシには様々なタイプがいるわけだが、空想のような世界に逃げ込んだり、もともとそのような世界の住人であったりする場合があるわけだ。

俺が経験した事件の中で、その最たるものだと言えるのが、北海道と東京で起きた連続少女監禁事件だった。

監禁王子事件

北海道・東京連続少女監禁事件は、平成13年（２００１年）から平成17年（２００５年）までに、金子康之（仮名）という20代の男が複数の少女を監禁したものだ。当時は「監禁王子」と呼ばれて、ニュースでも大きな話題となった事件である。

事件の発端は２００１年、北海道の江別市に暮らしていた金子が、札幌で知り合った20歳の女性を自宅に監禁したことに始まる。金子は女性を2週間にわたって監禁したが、何よりその監禁のやり方が異常だった。ペット用の首輪を付けて、自分のことを「ご主人様」と呼ばせたりしていたからだ。女性は監禁から逃れた後、警察に被害届を提出する。その翌年に北海道警察によって逮捕されたのが金子だった。

裁判で金子は中学時代に不登校になった身の上や、精神科病院に通院していたことなどを主張するものの、心神喪失状態は認められず裁判所は責任能力を認定。懲役3年、執行猶予5年の判決を下す。金子は控訴することなく、そのまま刑が確定することになった。

金子は青森県の資産家の家に生まれており、被害者に対して示談金を支払っている。執行猶予の付く判決になったのはそのためだ。

俺が一連の事件に関わることになったのは、この金子が執行猶予中にまたしても監禁事件を起こしたからだった。

北海道では前述の女性の他に19歳の女性も監禁していたのだが、東京では4人を監禁していた。事件が起きたのは２００４年、俺が捜査一課に来た年だ。

執行猶予中だった金子は父親に「医学部に入るために予備校に通う」と言い、東京に引っ越した。その後、チャットを介して18歳の少女を呼び寄せる。少女は兵庫県に暮らしていたが、金子にマインドコントロールされておびき寄せられた形だった。そして、金子は北海道の時と同じことをする。少女にペット用の首輪をつけて監禁したわけだ。

そのようにチャットを使って女性と出会い、東京の自分のマンションに呼び寄せることは金子の手口だった。それに引っかかった女性が東京では少女を含めて4人いたことが、後の調べで分かることになる。

金子は兵庫県から来た少女を3カ月以上にわたって監禁した際、「自分は病気だから捕まらない」と言っていたという。

金子は、東京のマンションやホテルで少女を監禁した。

その後、金子は統合失調症だと言って札幌に戻って病院に通い始め、その後、実際に2004年末には東京の病院でその診断を受けている。そんななか、2005年5月、綾瀬署と捜査一課の捜査本部は札幌のマンションにいた金子を監禁致傷容疑で逮捕した。

捜査一課に来て1年が経っていた俺は、北海道で金子を逮捕する際にも同行したが、そのときのことはかなり強く印象に残っている。

俺たち取調べ班と係長は金子の暮らす札幌のマンションを張り込み、出てきたところを取り押さえようと考えていた。だが、1日待っても2日待っても、金子は姿を現さなかった。

「部屋の中で何をしてるんだ?」

と、思いながら、とにかく車の中で待った。

後に分かったのは、金子は部屋でひたすらパソコンの前に座り、チャットなどをしていたようだ。そのなかで金子を逮捕できたのは、新しいパソコン機器を注文したのか、宅配便がやってきたからだった。俺たちはその宅配便の配達員と一緒に部屋の前に行き、金子がドアを開けた瞬間に中へなだれ込んだというわけだ。

金子は俺たちの姿を見たとき、はっと驚いた顔をした。金髪のナルシストだが根は臆病なのだろう。

「な、な、な……」

と、慌てた様子で言葉も出なかった。

「金子さん、監禁の容疑で逮捕するよ」

そう言うと、

「俺はやってないよ！　監禁なんて」

度肝を抜かれたのは、このとき金子がこう言い放ったからだった。

「王子を逮捕するのか⁉」

「いいから、来い」

俺たちは逮捕状を執行し、金子にジャージを着せた上で飛行機に乗せて東京の綾瀬署に連行することになった。

現実の世界とアニメの世界

しかし、逮捕したのはいいが、俺がすっかり困惑したのは取調室での金子の態度だった。何しろ異常な供述しかしないのだ。

金子は何かというと「俺は王子だ」と言い、監禁について問うと、

「何も知らない。監禁はしていない」

と、話すばかりだったのだ。

「いや、監禁していただろう?」

何度かそう問い詰めると、金子はなんとこう言い放った。

「俺は監禁はしていません。あいつらは放し飼いの家畜なんです」

要するに、金子の主張ではマンションの部屋に女性を閉じ込めていたわけではなく、女性たちは自ら部屋に留まっていた、ということだ。

監禁をしていないと主張する理由をさらに聞くと、

「女の方から来た」

と、金子は言った。

部屋からは出ようと思えば出られる状態だったから、「監禁」した女性たちにはいつでもいなくなる自由があった、と金子は繰り返した。

「だから、これは監禁なんかじゃないでしょう。チャットで知り合って、俺の写メを送ったら女の方から来たんです」

俺は話を聞きながら、「何ともすげェ奴が来たものだな……」と思った。

金子が言うには、女性を家に呼ぶときは下手に出て、「お願いします。寂しいんです」というようなことをチャットで伝えるらしい。狙うのはコスプレやアニメ、ゲームが好きな女性で、すると、相手が「お友達になってもいいですよ」と返信してくることがある。

その際に自分の写メを送ると、女性の方が自分に夢中になるという。金子は相手が「素敵ですね」というような返信をしたところで、「それならこっちにおいでよ」と提案する。そうしたら、女はイチコロなんだという話を、自慢するように話していた。

俺はそうした話をとりあえず聞いていたが、そのなかで何より困惑したのは、金子が自分のことを本当に「王子」だと思っていることだった。

青森の資産家の息子だった金子は、小学校の時は車で送り迎えしてもらっていた。それで、小学校時代から「王子」と周囲から呼ばれていたという。

「だから、俺は王子として育ったんです」

金子は北海道で2人、東京では4人の女性を全て同じ手口で呼び寄せ、首輪をつけて悪戯や性的暴行をしていた。自分のことを「ご主人様」と呼ばせ、被害者を好き勝手に操っていたわけだ。

だが、金子は監禁の罪については全く認めず、そうした話ばかりをし続ける。

「監禁なんてするわけがない」

こんな調子では全く調べにならない。

考えさせられたのは、資産家の家に生まれた金子のこれまでの生き方だった。本人は金子という名字を名乗っているが、親の名字は別のものだ。金子は自分の父親を毛嫌いしており、母親は若い頃に亡くしていた。

そうした身の上から想像されるのは、金子の抱えていた寂しさでもあるに違いない。父親を嫌っていた金子は母親に依存していた。だが、その母親が亡くなり、心の拠り所を失ったところもあったのだろう。

驚かされたのは、金子が入門していた空手道場の先生の印鑑を勝手に使って、養子縁組をして名字を変えていることだった。また、逮捕されて拘置されている最中にも結婚と離婚を繰り返し、結果的に裁判を受けた際は逮捕時とは違う名前になっていた。

なぜこうしためちゃくちゃなことを繰り返すのかと言えば、金子がほとんど現実の世界を生きていないからだと思われた。取調べ中の供述はアニメのセリフでその世界に入り切った状態で、その分野の知識のない俺には何が何やら分からなかった。

実際、女性をおびき寄せるときも、金子は「自分がアニメのキャラクターだったら誰にたとえるか」と相手に聞いている。そして、そのキャラクターの名前を聞いて、「この女はこういう人物だな」と探り出していたという。例えば、「エヴァンゲリオンのミサト」と女性が答えたら、「この女はリーダーっぽい性格に憧れているんだな」という具合だ。

金子は拘置所にいるとき、ノートに様々なことを書いていた。それを読むと、アニメのキャラクターが何人も登場し、それぞれと会話をしている。

「これは何だ?」

と、聞くと、

「俺の頭の中に出てくるんです」

と、語っていた。

たとえば、「ヴァルキリー」という架空の人物が登場し、そいつがいろんなことを話しているのである。このノートについては分析班ができたほどだ。

検事も参ってしまい、「佐藤さん、これ、調べようがないよ」と弱音を吐いていたくらいだった。金子は俺だけではなく、検事の前でも同じようなことを言っていたのである。

「もう、これは調べてもしょうがない。アニメの主人公だよ、こいつは」

だから、俺は金子の世界観を知るために、取調べに当たって金子の語っていたアニメをずいぶんと観た。完全にゲームやアニメの世界に生きているのだとすれば、その異常とも言える世界観に合わせた取調べをしなければならないのかもしれない、と次第に思うようになっていったからだ。

「夜勤病棟」に憧れて

そんななか、膠着状態だった調べが動き始めたのは、俺が取調室に持って行く資料の封筒に何気なく書いた言葉がきっかけだった。

「王子様」

あまりに金子が自分のことを「王子だ」と言うので、俺も封筒にそう書くようになっていたのだ。

すると、その文字が目に入った金子が小さくこう叫んだ。

「佐藤さん！」

「ん、どうした？」

「ありがとう。俺のことを王子だと思ってくれているんですね」

そのときの金子の喜びようといったらなかった。なんと俺の手を握ってそう言ったのだから。「それほどまでに『王子』にこだわっているんだな」と俺は驚いた。そして、金子は自分ではナルシストで「王子だ」と言っているが、ひょっとするとかなり気の弱い奴なのかもしれないな、とも感じた。

（これは、金子を王子として扱って調べればいいのかな）

と、ピンときた。

それ以降の取調べで俺は金子のことを、「王子」と呼ぶことにした。

金子が供述に少しずつ応じるようになったのは、そのときからだった。

「王子。悪いけれどもこれはどうなの？」

と、資料を指して聞いたりすると、金子は嬉しそうに、

「佐藤さん。王子としてはね――」

べらべらと喋るようになったわけだ。

当初は「自分の言っていることだけを調書に書け」「写メを送ったら女が勝手に来た。動物に例えるとこいつは狸だ、こいつは豚だ」などと言っていた金子だったが、次第に「でも、やっぱり、監禁したんだろうなあ。認めようかなあ」という雰囲気になっていった。

そのなかで、金子が話したことで印象に残ったのが、東京に来た本当の動機だった。

当初から「医学部に入るために東京に来た」と言っていたが、そこにはさらなる理由があった。予備校に行くと父親に言って金を出してもらったわけだが、さらに金子が話したところによると、医者になってやりたかったことがあるという。

それは金子が熱中していた「夜勤病棟」というアダルトゲームのような行為だった。

このアダルトゲームは主人公の医師が秘密をネタにして、看護師さんたちを手籠めにしていくような内容だ。

小学校のとき、周りから「王子」と呼ばれていた金子だったが、中学に入るとクラスメ

ートなどともウマが合わなくなり、ゲームやアニメの世界にのめり込んでいった。そのなかでたどり着いたのが、この「夜勤病棟」というアダルトゲームだったという。

このことを知ると、金子の異常性が際立つようだった。

「俺が目指しているのは『夜勤病棟』だ。だから俺は医学部に行くんだ」

「王子さん、それ本気で言っているの？」

「ああ、それでハーレムを作りたい」

金子の家からは多くのアニメやゲームが押収されたが、その中に確かに「夜勤病棟」はあった。ゲームソフトを見つけたとき、俺は「あ、野郎が目指していると言っていたのはこれのことか」と思った。

要するに、金子は東京に来て自らが医者になり、看護師のハーレムを作ろうとした。だが、もちろん医学部に入ることなどできず、女の子たちを監禁して妄想の世界に生き続けようとしたわけだ。

実家が裕福な金子には金がある。北海道で逮捕された際、示談金を払って執行猶予の付く判決を受けたため、地獄の沙汰も金次第という意識もあった節がある。

ホシの世界に入り込む

さて、取調べには最初よりも応じるようになった金子だったが、「監禁」についてはそれでも認めようとしなかった。俺はどうやって落とそうか考えた。金子の主張は「女たちは自由に部屋から出られた」「だから、俺は監禁していない」というものだったからだ。

実際に金子は監禁した女を外に連れ出して、一緒に買い物をしたりもしている。逃げ出そうと思えば逃げ出すチャンスはあったわけで、この主張には事実としてはそういう一面があるのも確かだった。そこを崩す何かが必要だった。

だが、脅迫などを駆使して精神的に支配し、離れられないようにしたことは間違いない。金子は「放し飼いの家畜」などと言っているが、そんな主張を通すわけにはいかない。

そこで俺が取調べの目標にしたのが、金子に「自分は女がいなければ生きられない依存症なんだ」と語らせることだった。

「俺は女の依存症で、どうしてもこうした行為をしなければ生きていけない。これは一種の病気なんだ」

そう金子に言わせることができれば、「勝ち」が見えてくるかもしれない——。

だから、俺は検事にこう確認した。

「検事さん、これは病気でいいんじゃないですか」

「そうだな。病気だな、こいつは」

「じゃあ、俺の調書は病気ということにしますよ」

金子は取調べに嬉しそうに応じるようになってからも、調書を自分で詳しくチェックして確認した。

それでも、ひとまず金子が取調べに協力してくれるようになったのは、これも一つの「ポライト状態」と言えるかもしれない、と俺は思っている。

俺が「王子」と呼ぶようになったことで、少し上から目線ではあるが、「まあ、王子としてはこう思うんだよ」といった調子で話すようになったからだ。

俺は金子のいる妄想の世界に自分も入ることによって、供述を引き出そうとした。それは金子の側から見れば、自分のことが尊重されている、と感じることだった。だから、供述に応じるようになった。「この刑事には話してあげてもいいかな」と、俺を慕うような気持ちが生まれたのだろう。

「まあ、確かに佐藤さんの言うように、監禁したと言えば、言えますよね。でも、そうじゃないんですよ。彼女たちは逃げられる立場だったんですから」

以前とは明らかに話の「ノリ」のようなものが違う。

「だから、そういうふうに書いてくださいよ」

「そこには応じるんだな」

「まあ、良いですよ。王子としては応じますよ」

「さすが王子だな。そこは認めてくれるんだな。じゃあ、一応、『監禁のような感じだけれど、彼女たちは逃げようと思えば逃げられた』と。ああ、助かったよ」

そんな感じで何とも奇妙なやり取りが続く。ただ、とにかく俺は取調室のやり取りに異様さを感じつつも、そうやって金子のいる世界に自分も少しだけ入ってみることによって、何とか供述を引き出す活路を見出すことができたわけだ。

俺は取調べを終えると、金子の話に出てきたアニメを見て、その世界観がどのようなものかを勉強した。

こうして関係性を作ることに専念してから、勝負をかけることにした。

「王子、これは故意にやったことなんだろう？」

「違いますよ」

「故意じゃないならなんなんだ」

「だから、これは女が勝手に……」

「いや。違うよ。それに、王子は病気でもねェんだしさ」

金子は「病気」という言葉に強く反応した。逮捕前、病院に行って統合失調症だと主張していたから、なおさらだ。

「いや。俺は病気なんですよ」

「病気じゃないよ。故意だよ。正常な状態でやったんだ」

「いや、俺は病気だ。調書にもそう書け」

俺は、金子から「病気だ」という供述を引き出すために、あえて「王子は病気じゃないだろう？」と語りかけ、自ら「自分は病気だ」と言わせたのである。そうして、金子は自分が女に対する依存症という病気であることを調書に書き、署名したのだった。

「勝った……」

と、そのとき俺は思ったよ。

結局、金子は最後まで「監禁」を認めなかった。だが、自分が女に対する依存症という「病気」であることは認めたので、検察は金子を監禁致傷罪で起訴した。

その後、金子は裁判にアニメのキャラクターの恰好をしてくるなど、公判でも「王子」であり続けた。精神鑑定も却下され、東京地方裁判所は「若い女性を脅迫して脱出困難な心理に陥れ、『お仕置き』と称した暴力や性的暴行を繰り返した。被害者に絶望的な恐怖感と甚大な苦痛を与え、反省の姿勢も全く窺えない」と懲役14年を言い渡した。

金子は控訴をするが平成22年（２０１０年）９月に高裁は訴えを棄却。最高裁でも無罪を主張したものの、平成24年（２０１２年）７月に刑は確定した。

俺にとって封筒に「王子」と書いたのはちょっとした気まぐれだったが、結果としてその気まぐれが取調べでは大きな活路となった。「放し飼いだ」と言って監禁を認めない金子に「俺は病気だ」と言わせた経緯はホシを罠にかけたようなものだろう。

取調室ではときに、ホシの異様な世界観にさえ、取調官は入り込まなければならないときがあるのだ。

第七章　2006年　共感

料理人に「隠し味」を聞く

警視庁捜査一課に取調官として18年間在籍していた俺は、上司の推薦で取調べの「伝承官」というものに任命されている。伝承官は刑事部から任命を受けるもので、特に試験などがあるわけではない。取調官としての実績を評価してもらえたということなのだろう。伝承官に任命されてからの俺は教官として、刑事になる前の捜査講習での授業をときどき頼まれることがあった。講習では捜査における基本的な書類の書き方、調べのイロハなどを話すのだが、そうした機会をもらったとき、いつも俺がその基本に付け加えていた要素がいくつかある。

その一つは、

「刑事とは、料理店に行って料理人に『隠し味』は何かを聞くような仕事である」

という基本姿勢だ。

出来の悪い刑事というのは大抵、捜査の中でこの「隠し味」を聞くという視点が希薄だ。例えば、池袋に450円という安さでとても美味いカレーを出す店があるとする。俺が刑事であることを知っている店主は、料理について聞いたとき、「実はね――」と次のようなことをこっそり話してくれた。

「隠し味にネクターを入れるんですよ。そうすると、レストランの味になるんです」

平凡な刑事は料理人に質問をする際、「どんな素材を使っているんですか」「ルーはどんなものですか」、あるいは「どこかの店で修業をしていたんですか」といった質問をしがちだ。それらを聞き出して満足し、

「ああ、だから美味しいカレーが作れるんですね。あと、真心も加わっていますね」

などと言っているようでは、刑事としては失格である。

それらはもちろん大切な情報だが、それで終わってしまっては「捜査」にはならないからだ。重要なのは、料理人が最後まで言おうとしなかった「隠し味」にどうたどり着くか。そこを聞き出すまでが刑事の役目なのだ。

もう一つ意識して語っていたのは、「良い刑事には小道具が必要だ」ということだ。

例えば、事件が起こり、自動車の目撃証言があったとしよう。

俺たちは目撃者に対して、「車の色はどんなものでしたか」と、必ず聞く。

目撃者は多くの場合、「赤だった」という表現をする。しかし、それで「そうか、車の色は赤だったんだな」と納得してしまうのは、若い刑事にありがちなミスである。なぜなら、「赤」といってもリンゴやイチゴ、血、消防車……と様々な「赤」があるからだ。

捜査ではその「赤」がどのような赤だったのかを、目撃者から聞き出さなければならない。とはいえ、多くの人は「赤」が「どのような赤だったか」と聞かれると、そこまでの記憶はないものだ。

そこで俺が捜査の中でいつも小道具として持ち歩いていたのが、１００色ほどの色鉛筆が並んだケースだった。

要するに、目撃者が「赤い車」と証言をしたのであれば、すぐさま色鉛筆の様々な「赤」を見せ、それがワインレッドだったのか、薄い赤だったのか、明るい赤だったのかを聞くわけだ。ノートを持って「色を選んでください」と聞くと、

「ああ、赤でもこの赤ですね。うーん。こっちの赤ではないですね」

「この赤が似ているようです」

と、情報が絞られていくことになる。

上司に「車の色は何色だったのか」と聞かれ、目撃者の3人が「赤」と証言すれば、「赤」と報告することに間違いはない。だが、優秀な刑事はさらに「3人のうちの2人がこの赤に近いと言っていました。もう一人はこっちの赤です」と答える。

「赤は赤でも濃い赤だったようですね」

そうした詳細を付け加えれば上司も納得するだろう。

調書を取るときも同じで、「赤」が「どのような赤だったのか」を聞いていくと、情報がさらに具体性を増し、相手の記憶もより鮮明に広がっていくのである。

俺がその他に持ち歩いていたのが巻き尺だった。これは言うまでもなく、「長さはどれくらいだったか？」という質問をする際に使う。相手が「30センチくらい」と言ったとき、

巻き尺を出して「これくらい？」と言えば記憶が喚起されるからだ。

人の記憶というのは曖昧なもので、巻き尺で実際の「30センチ」を見せると証言が変わることもある。同じ「30センチ」でも、それが「28・5センチ」なのか「31・5センチ」なのかで、話が変わってくる場合もあるからだ。

つまり、刑事は聞き込みを「赤」や「30センチ」で終わらせてはならないのである。小道具を使ってより真実に近い証言を取ること。それが「隠し味」である場合もある。そのように「隠し味は何か」まで最後に聞けるかどうかが、捜査の分かれ道になるのだ。

さらに「小道具」としては、メモを取る際にも俺はちょっとした工夫をしていた。

それは病院で看護師さんがやっていたのをヒントにしたもので、利き手と逆の腕に紙や、ペンで記入できる素材（ウェアラブルメモ）を巻いておくのだ。

張り込みをしているときなどは、咄嗟にメモ帳をポケットから取り出すタイミングがないときもある。車のナンバーを控える際も、わざわざメモを取り出していると、周囲の人たちに怪しまれるだろう。

そうした現場のちょっとした工夫は、警察学校では教えてもらえない。だから、俺は新人の刑事に、「刑事とは現場で様々な小道具を持ち、工夫をするものだ」ということを教えようと心掛けていた。

「東スポ」を読む理由

もう一つだけ、俺が取調官として工夫していたことを紹介しておこう。

これは「工夫」というよりも、自分自身の「趣味」とも言えるのだが、俺には捜査一課にいたときに愛読していた新聞が一紙だけある。

それは「東京スポーツ」だ。

俺が18年間、東スポを読んでいたのは、この新聞にはホシの好きそうな世界が全て網羅されていると言っても過言ではないからだった。競馬、競輪、競艇、パチンコといったギャンブルの情報、そして、芸能や風俗やゴシップ。政治も含めて「俗」なものが全て詰まっている。警察の厄介になるホシというのは殺人犯に限らず、その多くが競馬やパチンコ、女、風俗が好きだった。

取調官をしていた頃の俺は、そんな奴らばかりを相手にしていた。そして、聞き込みや参考人として話を聞くホシの関係者も、同じようなタイプの人間が次から次に現れる。だから、取調べの中で事件についてはまるで話そうとしないホシであっても、ギャンブルの話であれば滔々と楽しそうに語ることは意外に多い。俺は調べの話題を自分の中に蓄えるために、仕事帰りの駅で一日も欠かさずに東スポを買い、隅から隅まで勉強をするつもりで読んでいた。

そもそも俺の取調べは、「息の詰まるような心理戦」といったドラマチックなものではなかった。

取調官は各係に一人ずついて、他の調べ官がどんな手法で取調べをしているかは分からない。お互いに自分の手の内を話すことはないから、俺は他の調べ官がどんなふうにホシを落としているかは知らない。ただ、自分のやり方について言えば、特にこれといった「秘密」はない。強いて言えば、ホシと同じ目線に立つこと、さらに言えばホシと「仲良くなること」がコツだということだろうか。

だから、一般の人が俺の調べの様子を見れば、単なる雑談をホシと楽しそうにしているように思うかもしれない。だが、それはホシを落とすためのプロセスであって、99パーセントが雑談であっても、最後に口を割らせれば俺の「勝ち」なのだ。

東スポを必ず読むようにしていたのもそれが理由だ。

取調室でホシの前に座る。

「こいつは何が好きなのかな」

と、俺はまず考える。

話しているうちに、どうやら競艇が好きだということが分かったとする。

そんなとき、東スポを読んでいる俺は、競艇の話をホシと交わすことができた。

競艇は6艇で走ることや、「センター」、「角」、「マクリ」といった専門用語を語ると、ホシも「あの時のレースは……」などと興が乗ってくる。

また、競輪には「関東ライン」や「近畿ライン」といったレースごとの特徴があり、そうした単語を交えながら話すとホシは喜ぶ。ここで「俺は競輪はやらないから」と言ってしまえば、ホシとの会話は途切れてしまうだろう。

だから、俺は東スポを読むだけではなく、実際に競艇やオートレース、パチンコなどにも足を運んだ。もともと競馬が好きだという理由もあったが、他のギャンブルも現場の雰囲気を知っておくと、取調べでのホシとの会話が滑らかになるからだった。そして、ノートに公営ギャンブルの開催日や、主だったレースの本命が誰であるかなどを書き込んでおいた。そうして、

「今度の競艇、オールスター戦は誰が来ると思う？」

などと話題を提供すると、それまで憮然として黙っていた参考人がぱっと顔を上げる。

「お。知ってるんですか」

「俺は今村だと思うよ」

「いやあ。今村はちょっと厳しいっすよね」

「でも、今村が1コース取りに行くのは間違いないだろ？」

あるいは、競輪が好きな奴だったら、

「今度のあれはどう？　あの賞金王」

「神山じゃないですかね」

「そう？　おれは吉岡だと思うよ」

なんてやり取りを交わす。

取調べでは、こうした他愛のないやり取りが、後々になって意味を持ってくる、と俺はいつも考えていた。

「ああ、あの刑事なんでも知ってんな。話すと面白いな」

と、ホシに思わせることができるからだ。

これがホシと「仲良くなる」という意味である。

そうしたギャンブルの話題がきっかけになって、決して喋らないと思われた大きな事件のホシが、俺に対して罪をあからさまに告白したことがある。

マブチモーター社長宅放火殺人事件の小田島鐵男だった。

マブチモーター社長宅放火殺人事件

「監禁王子」の事件が終わってしばらく時間が過ぎ、平成18年（2006年）になったばかりのことだ。詳しくは後述するが、小田島は同年1月に東京都目黒区の歯科医師に対する強盗殺人などの容疑で警視庁に逮捕された。そして、取調べを担当したのが俺だった。

ちなみに、「木原事件」が発生したのはその年の4月9日だが、小田島の捜査はその前に終わっていた。だから、仮に大塚署がちゃんと捜査一課に事案を上げていれば、俺の班が木原事件の現場に入っていた可能性がある。しかし、当時、大塚署は「自殺」と判断を下した。歴史に「もしも」はないが、あの時に捜査一課が入っていれば、安田種雄さんを殺害した犯人を捕まえていたかもしれない。

話を戻そう。俺と小田島との関係の始まりは、平成17年（2005年）12月、留置場にいる小田島が「週刊朝日」に手記を出したことを当時の捜査一課長・久保正行さんが問題視したことだった。

マブチモーター社長宅放火殺人事件は、日本の犯罪史の中でも稀にみる凶悪な事件だ。平成14年（2002年）8月5日、小田島と共犯者の村上一郎（仮名）の2人は、マブチモーターの社長宅に侵入し、社長の長女と妻をネクタイなどで拘束して殺害した上、金品を奪って家に火を点けた。

この凶悪な手口の犯罪の後、小田島はフィリピンに滞在したり、日本に戻って香典泥棒などを繰り返していた。そんななか、かつて小田島とともに刑務所にいたという人物が、獄中で聞いた話として小田島が事件を計画していたことを明かし、難航していた捜査線上に2人の名前が挙がった。そうして、平成17年（2005年）10月、別件で逮捕されていた小田島が強盗殺人容疑で再逮捕されることになった。

結果として小田島はこのマブチモーター社長宅放火殺人事件に加え、平成14年（200

2年）9月に起きた東京都目黒区の「歯科医師強盗殺人事件」、同年11月に千葉の我孫子市で起きた「金券ショップ社長宅強盗殺人事件」への関与が分かり、1年間に4人の命を奪っていたことが判明する。

久保課長が小田島の「週刊朝日」の記事を問題視した際は、まだ後者の2つの事件への関与は明らかになっていない段階だった。

久保課長が問題にした週刊誌の記事は、小田島の「獄中手記」だった。

〈独占獄中スクープ　マブチモーター会長宅強盗殺人・放火事件　黙秘の主犯が本誌に自供〉

そう大きく見出しが打たれた記事には、次のような小田島の〝告白〟が記されていた。

〈3年前の夏。マブチモーター会長宅で母娘が殺され放火された強盗殺人事件は、容疑者2人が逮捕され1カ月がたった。だが、主犯格とされる小田島鉄男被告（62）は、取り調べに対して黙秘を貫いている。その小田島被告が初めて、私選弁護人を通じて本誌に犯行を告白した。「極刑を覚悟しています。絞首台でロープの冷たさを冷静に感じながら、首を差しのべたい」。告白から、知られざる真実が次々と浮かび上がった〉

そこではマブチモーター会長宅（事件当時社長）での犯行の経緯、盗んだ金をフィリピンパブなどで使い果たしたことなどが赤裸々に語られていた。

この記事は第2弾、第3弾と続くのだが、久保課長が看過できなかったのは、その中で小田島がマブチモーター事件以外「2つの事件」について告白をしたからだった。

小田島の事件は千葉県警が捜査を行っていたが、逮捕された小田島は事件について全く語っていなかった。いわゆる「完黙」という状態だ。そこで、週刊誌の記事を問題視した久保課長が、

「これは警視庁でやんなきゃなんねェな」

と、俺たちの係を呼んだというわけだ。

取調官として俺が担当することになったのは、目黒での歯科医強盗殺人について、小田島の自供を得ることだった。そこで、俺は綿貫係長とともに小田島の留置されている松戸東署に向かった。

「今度、うちでやることになりました」

千葉県警の担当者にそう伝えて取調室に向かった時は、何とも嫌な気持ちがした。

小田島の犯行は凶悪だ。ただ、担当していない事件となると、やはりどこか他人事だという思いがあるのだろう。俺はそれまで、小田島の事件について耳にしても、「ひでえことをする奴がいるな」と思うくらいだった。しかし、その男を自分が取り調べるとなると話が変わってくる。

小田島に限ったことではないが、初めて取調べをする被疑者のもとに向かうときは、

「どういう奴かな……」

と、いつだって不安になる。

相手が小田島のような重要な犯罪者となれば尚更だった。

「相当な野郎なんだろうな」

と、俺は思った。だが、取調べを担当するからには、俺にも逃げ道はない。

どんな相手を取調べしていても、1～2日も経てば大抵は不安は解消していく。俺は不安と「どんな奴なんだろう」というちょっとした好奇心が混ざり合ったような気持ちで、取調室のドアを開けた。

座っている小田島を見たときの第一印象は、次のようなものだった。

「なんだか爬虫類みたいな奴だな」

目つきや佇《たたず》まいがそう見えたからだった。

俺は取調べで初対面の相手にいつもそうするように、小田島に笑顔を向けた。

取調べの最初の段階で重要なのは、まずは相手からの「信頼」を作り出すことだ。取調官が威圧的だったり、仏頂面をしていては、最初の「信頼」は得られない。へらへらしない程度の笑顔を作り、「目でほほ笑む」ことを心掛けるのがいい。

俺は小田島をどう自供に導けばいいのか、このときはまだ分からなかったが、

「なあ、小田島さん。事件について話してくれないか」

と語りかけた。小田島は言った。

「俺はもう死刑になるんだから、喋ろうが喋るまいが、罪は変わらないだろう？　どうあがいたって死刑だろ。喋らんよ、佐藤さんよ」

その後、小田島の身柄は松戸東署から碑文谷署に移管され、引き続き、取調べが行われることになった。

綿貫係長には「これ、かなり難しそうですよ」と伝えたが、「警視庁と千葉県警で差をつけなきゃならないんだよ。格の違いを見せないといけないんだよ」と発破をかけられた。

小田島鐵男の「土台」

小田島のケースに限らないが、俺の取調べのスタイルにはいくつかの基本的な技術がある。ＦＢＩの交渉人の技術がそうであるように、最後の最後に料理人の「隠し味」を聞き出すために、ホシとの関係性の「土台」を作っていく作業ともいえるものだ。

一つは取調べの中でのホシとの関係性を「共感的な理解」に基づくものにしていくことだ。

「共感的な理解」とは、被疑者の立場になって、共感と同意をしながら話を理解する姿勢を持つことだ。

具体的には、自分にどれだけ思うところがあったとしても、まずはホシの話を否定したり、非難したりはしない。「殺人」という行為には決して共感は示さないが、その犯行に至った経緯について理解する態度を示す、と言えばいいだろうか。

例えば、人を殺した理由を聞いていくと、被害者からあまりに理不尽なことをされていたというケースがある。第四章で書いた大手広告代理店社員の殺人事件などがそうだ。

ホシがそうした経緯を話した時、俺はいつも「無理もないな」「気持ちはわかるよ」と言葉をかけ、相手の気持ちを楽にしてやるように心がけている。

場合によっては、「もし自分が同じような目に合っていたら、俺だってそうしたかもしれない」、あるいは「原因や責任は被害者の方にもある」とさえ言うこともある。それは全てホシを自供に導くためのプロセスになる。そのようにホシの気持ちを宥《なだ》めた上で、「でも殺しはいけないことだろう？」と諭し、「頷き」を促すわけだ。

次に取調べで大切なのが、「肯定的な受容」というものだ。

ホシから話を引き出そうとするときは、相手の言い訳や供述をいったん警察官である自分の善悪の判断、さらには社会的な価値観や倫理観の外に置き、最後まで肯定的に聞き続ける必要がある。あまりに自分勝手な言い分を否定したくなることもあるが、その感情を抑えて会話を続けることを優先する、というわけだ。

人を殺した人間はほぼ全て、自分の犯した行為を正当化する。不安な気持ちや恐怖からそうやって身を守っているからだ。だからこそ、どんな話であっても「そうだよな」「うん、わかるよ」と表情を付けて相槌を打つのである。

適度に「そのとき、あんたはそう思ったんだな」「そうか。奴（被害者）は君に対して『死ね』とか『大ばか』だと言ったんだな」とオウム返しで同じ話を繰り返す。

ときどき、

「で、そのときにどう感じた？」

と、感情についての質問を入れるのもいい。

「ヤバいと思ったのか」

などと相手の感情を言い当てようとはせず、あくまでも質問は手短に、主語になるのは相手であることを心掛けるのが肝要だ。

これらの「基本」を押さえながら、常に相手の話を興味深く聞く姿勢を貫く。そして、要所要所で「つまり、こういうことだな」とホシの話を簡略にまとめる。

繰り返しになるが、俺が取調官として狙っているのは、前述のようにホシの「信頼」という「土台」を得ることだ。

人は「信頼する人」の話しか聞こうとしないし、心を許した人のアドバイスしか受け入れようとしない。逆に言えば、変な駆け引きをしなくても、「信頼」する相手には自然と話をしてくれるものだ。

その意味で一つポイントとなるのが、前述した「ポライト状態」だ。

被疑者が「完落ち」するという状況は、「自分が供述をしなければ、取調官に迷惑をかけてしまう」と思わせるところから生まれる。長い取調官としての経験から、俺はそう確信している。

だから、俺は取調べを始める際、法律として告知する必要のある「黙秘権」について説明した後で、いつもユーモアを交えて俺自身の「本心」をこう伝えるようにしていた。

「君には黙秘権があり、言いたくないことは言わなくてもいい。ただね、俺の本心としては、ぶっちゃけ、言ってもらいたいんだよね。そうしないと、上司に何を言われるか分からないからさ」

最初の段階でこう言っておくことが、後になって効果を発揮することも多いからだ。

取調べでは被疑者から「敵」だと思われたらお終《しま》いだ。高圧的な態度や自分の意見を言って非難するような素振りを見せれば、ホシは雑談すらしなくなってしまう。あくまでも「共感」と「賛同」をベースにしながら、相手を自分より少し格上と位置付けるくらいでちょうどいい。9割が雑談であっても、最後の1割で決定的な供述を得られればいいのだから。もっと言えば、被疑者と友達のように「仲良く」なること。そうして作った「土台」の上に、重要な供述が立ち現れてくる。

俺にとって小田島の取調べは、そうした自分のスタイルを確立するきっかけになるものだった。

俺は小田島を供述に導いた「土台」を、どのように作ったのか。実は取調室で小田島が目黒での殺人について供述する上での「土台」は、競馬と女の話をきっかけに形作られていった。ここからは、その時の取調べがどんな経緯を辿ったのか明かそうと思う。

競馬の話に乗ってくる

「俺は死刑囚だから、言ってもしょうがないでしょ。言いませんよ、何も。いくら警視庁に連れて行かれても」

「でも、小田島さん、あんた、雑誌に投稿したんだから、それぐらい俺らにも言ってくれよ」

「いや、雑誌はお金をくれるからね。あんたらはお金もなにもくれないでしょ。俺は言わないよ」

「頼むよ。俺も調べ官だから、喋ってくれないと上司に怒られちまうんだ」

碑文谷署での小田島の取調べは最初このようなものだった。

爬虫類のような目で俺を見ながらそう語る小田島を前にしながら、俺は目の前にいるその男が凶悪な犯罪を起こしたとは思えないような気持ちになっていた。

週刊誌に話をしたのは、女に金を渡すためだったという。死刑囚になっても女に金を残したいという小田島に、人間らしさを感じた、といってもいいのかもしれない。

小田島は事件のこと以外については、こちらが不思議に思うほど普通に話す男だった。

初日、2日目と取調べを続ける中で、小田島が楽しそうに語る話題が見えてきた。競馬、パチンコ、フィリピンパブ……。そうした話題について語るときの小田島は愉快そうだった。俺はまずそこから突破口を作れるのではないか、と思った。

今でも強く印象に残っているのは、取調べが始まって4、5日が経ったときのこんなやり取りだ。

その日の朝、俺はいつものように留置場へ小田島を迎えに行った。

「おはよう！　今日は顔色もいいし、話す気になるよな。ははは」

留置場に迎えに行くときの俺は、いつもそんなふうに笑顔を作る。ホシからしても「おい、出ろ！」などと高圧的に言われれば、最初から機嫌をそこねてしまうだろう。だから、あくまでも下手に出て、相手を気持ちよくさせることに重きを置いていた。

「はは。どうかな……」

小田島の機嫌は悪くない。お互いに笑顔で相対することは、取調べの一日にとって重要だった。

その日、小田島が最も関心を示したのが、競馬の話題だった。少し長くなるが、俺の取調べがいかに雑談を重視しているか、イメージを摑んでもらうためにも、当時の様子を再現しよう。

「そういえば、シンボリクリスエスって馬がいたよな」

俺は言った。

「あれは強かったよな。有馬記念を連覇したもんな」

小田島は話に乗ってきた。そして、自ら続ける。

「……去年の有馬はディープインパクトが負けたんだって？」

「そうだよ。ゴール前でハーツクライに差されたんだよ。ディープは単勝は1・3倍だったけど。俺は呆然としたよ」

「ハーツクライはいくらついたんだ？」

「17倍だよ。4番人気だった」

「はは。俺なら買ってたな」

「そうか。俺には無理だな。プロ級だな、小田島さんは」

競馬の話には小田島は乗ってくる。ポイントは、具体的な馬の名前や単勝のオッズを俺が「競馬ファン」のように語れたことだ。そこで俺はここに取調べの「流れ」を作ることにした。小田島を競馬においては「自分の格上」だと位置づけ、下からの目線で称賛することにしたのだ。「信頼」の土台作りというわけである。

すると、小田島は自慢気に自身の経験を語り始めた。

「俺はシンボリクリスエスが勝った時の2着、タップダンスシチーを買ってたくらいだからな」

２００2年の有馬記念の話だ。

「そうなんだ！　俺もあのときタップを買ってたよ。シンボリからの馬単で５００円持ってた」

「そうかい。俺は１０００円持っていた」

小田島はにやりと笑う。

小田島は自分がシャバにいたときの「成功体験」であるタップダンスシチーのレースの喜びを、取調べを行う刑事が共有していたことに悪い気はしないようだった。

俺は2人の「共通」の体験であるこのレースについて、さらに詳しく話すことにした。

「いやあ、あんときは後楽園の場外でレースを見てたんだ。タップ、頼む！　逃げ切ってくれ。残せ！　残せ！　よーし残した！　って感じだった」

「なんだ。俺も後楽園の場外にいたぞ」

小田島は声をあげて笑った。いい調子だ、と俺は思った。

「まじかよ！　それは奇遇だね。今は被疑者と取調官……立場は違えどな」

「そうだな」

「でさ、その頃は何をしてたんだ？」

「おくやみドロボーだよ。空き巣。その金で競馬とパチンコな」

「へえ。空き巣もやってたのか。ま、ドロボーなんてどうでもいいけどね」

するると、小田島は立会いをしている刑事の方を見て、こう言ったのだ。

「立会いの刑事さんは盗犯の刑事をやってるんだろ。入った家、後で話してやるよ。実績になるんだろ？」

この段階で俺は小田島と「雑談」しかしていない。しかも、競馬の話だ。

にもかかわらず、小田島は空き巣を自白し、その犯行を後で供述してもいいとさえ言っているのである。

このとき、俺は小田島に好意を持たれ始めていることをはっきりと感じた。「話す気持ち」が生じ始めている瞬間を見逃さなかった。

だが、取調べでは焦りは禁物だ。「殺人」についての質問をするのは時期尚早である。もっと小田島との間に信頼関係の土台を築いていく必要があった。

そこで、俺は空き巣の話題を後追いすることはせず、さらに小田島の関心の中心である競馬の話を続けた。

「有馬記念といえばさ、いちばん好きなレースを挙げるとすればどれだ？　俺は有馬と言えば、１９７７年のテンポイントとトウショウボーイの一騎打ちだな」

実際に昭和52年（１９７７年）の年末の有馬記念は、俺にとって思い出のあるレースだった。

当時、受験を控えた高校3年生だった俺は、地元の八百屋でアルバイトをしていた。その職場の兄ちゃんが競馬好きで「おい、あんちゃん。今度、トウショウボーイとテンポイントの一騎打ちがあるから、後楽園（の場外馬券売り場）に見に行こうぜ」と言われたのだった。

「俺、まだ高校生ですよ」

「おまえ、バイト代で10万くらい貯めてるだろ？　俺が馬券を買えば問題ねーよな」

「はい」

「それ、ぜんぶ俺に預けろ。俺も20万賭けるから」

というわけで、なけなしの10万円を1点勝負したのが、俺にとっての1977年の有馬記念だ。

初めてのレースの興奮は忘れられない。

トウショウボーイとテンポイントが中山競馬場の最後の直線に入る。このとき、赤と白の帽子を見ていろと言われた。

ところが、前評判通りの一騎打ちになるかと思いきや、そこに突っ込んできたのがグリーングラスだった。

3頭がゴールに向かって突進する様子を、俺は叫びながら見ていた。

俺はそんな若き日の思い出を小田島に語った。

「それが俺の初めてやった競馬だったんだよ。先輩からバイト代をぜんぶ突っ込めって言われてさ。高校生だったんだけどな……」

「いちばんと言われれば、俺もそうかもしれない。あのレースはすごかったからな。後はオグリキャップが復活したレースかな」

「ああ、あれもあるな。まさかオグリが勝つとはね。でも、やっぱりテンポイントだろ。スタートからテンポイントとトウショウボーイが競り合って、ゴール手前までのデッドヒート！　でもよ、グリーングラスが大外から突っ込んで来たときは、目をつぶって『うわあ！』と叫んだよ。トウショウボーイがギリギリ残ってくれたけどな」

俺が当時の体験とともに競馬の話を長く続けたのは、小田島に「この刑事と自分は同じ趣味を持っている仲間だ」と思わせることが目的だった。

小田島は何とも面白そうに「そうだったなあ」と言った。

そして、小田島との距離がさらに縮まったと感じたのは、それから俺が発した次のような言葉の後だ。

「でもさ、テンポイントもよく〝テッポウ〟で走れたよな」

〝テッポウ〟とは競馬の専門用語で、休養明けでレースを走ることを指す。「ポン」と出て来て勝ってしまうことから、競馬ファンはそれを「テッポウ駆け」と呼んでいる。

競馬ファンに共通する専門用語を交えた会話をしたことによって、小田島はさらに打ち解けた雰囲気を醸し出すようになった。

人は自分と似ている者、同じ趣味を持つ者を本能的に好きになる。実際にそれからの小田島には笑顔が増え、俺に対する態度が丁寧になった。

最後の質問

この日の取調べでは、さらに打ち解けるために、小田島の好きな「酒」の話に話題を広げてみた。

「ところで、俺は全く酒が飲めないんだけど、警察は周りが酒飲みばかりだからつらいよ」

まず俺自身の情報を開示し、「酒」の話をしなければならない雰囲気を作る。いわゆる「返報性の法則」というやつだ。

「外見からは全くそう見えないな。俺は酒は好きでよく飲んだよ」

「飲むときはどんなところで飲むんだ？　居酒屋か？」

「なに言ってんだよ。フィリピンパブがいちばんだな」

「へえ。俺は行ったことないけど、そこがいいんだ？」

「ロシアの女のいるところもあるけど、俺はやっぱりフィリピンがいい。ロシア女は陽気さがねえから」

小田島はそう言うと、「いいこと教えてやるよ」と続けた。

こちらの言葉を待たずに、自分から話そうとするのはいい傾向だった。

「フィリピンパブに行くときは、５００円玉をいっぱい持っていくんだよ。フィリピーナは紙の１０００円札より硬貨が大好きなんだよ。チップで５００円玉をあげるとめちゃくちゃ喜んでモテるんだ。抱きついてくる女もいるよ」

「へえ。そうなんだ。エキスパートだな」

「うまくやりゃ、おっぱいも触らせてくれるよ。ははは」

競馬からフィリピンパブの話に移り、さらに「エキスパート」だと褒められたので、小田島は明らかに気分が良くなったようで、自分から喋るようになっていた。

そして、この日最後に話したのが、パチンコの話題だった。

「オダさんもいろいろ物知りだね。いろいろ教えてもらえそうだな」

「いいよ。パチンコはやるのか？」

「おう。好きだな。昔は『アレジン』とか『花満開』とか、爆裂台ばかりやってたけど。最近は『エヴァ』がいちばん好きかな」

小田島との話題を増やすために、敢えて「アレジン」などの台の名前を出す。競馬と同様に「この刑事はパチンコにも詳しいぞ」と思わせるためだ。東スポを読んで実際に競馬やパチンコにも足を運んできた成果が取調べで活かされている。

「俺はもっぱら『海』だな。リーチがシンプルで飽きないからな。でも、確かに『アレジン』はいいよな。あの台は名機だった」

　それから俺と小田島はしばらくパチンコの話を続けた。

　取調べの時間が終わりに近づいた頃、この一日の「雑談」によって小田島は俺に心を開き始めていた。

　ここで築かれつつある「土台」を、どのように事件の話題へとつなげていけばいいのか。俺は翌日の取調べで勝負をかけるために、最後に一つだけ「事件」の話をしておくことにした。

「なあ、今度、今週の競馬の予想をしてくれよ」

「ああ、いいよ。出走馬と東スポの印、あとオッズを教えてくれよ」

「分かった。じゃあ、今日は戻ろうか」

「取調べ、やんなくていいのか？　競馬とかパチンコとかばかりで、ヤバくねえの？」

「まあ、いいよ。オダさんはどうせ死刑だもんな」

「ああ、そうだった。俺、死刑だからな。はは」

　このタイミングで俺はこう聞いた。

「最後に一つ、聞いていいか？」

「いいよ」

　俺が何を聞くかを言う前に、小田島が「いいよ」と返答したことには大きな意味があった。聞きたかった言葉だった。

「オダさん、4人も殺《や》ったんだよな。幽霊見るでしょ？」

すると、小田島は事も無げにこう返事をした。

「いや、ぜんぜん見ないよ」

「そうなんだ。でも、怖くない？　トイレに行けないだろう？」

「行けるよ。普通に」

実際のところ小田島がどう思っているのかは分からないが、「こいつ、やっぱりずいぶんと冷血な奴だな」と俺は思った。

「俺は以前、車で猫を轢いてしまったことがあるんだ。化けて出るんじゃないかと思って、しばらく夜はトイレに行くのが怖かったものだよ」

「おいおい、あんたは殺しの刑事だろ。そうだな、明日、教えてやるよ」

「はは、そうだったな。殺しの刑事だった。じゃあ、明日な」

「明日は午前中からだろ」

「ああ、よろしくな」

その後、俺は留置場まで小田島に付き添った。房に入った小田島を小窓から覗き、奴が俺の方を見たときに笑いながら手を振って「またな」という合図を送った。相手が部屋に入るまでを見届けて、最後にサインを送る。それは後の俺が取調べで必ずやるようになるテクニックだ。

実際、後に上申書を書いた小田島は、この「朝のお迎え」と「房に戻るときの見届け」が嬉しかったのだと語った。千葉県警の取調官はそんなことをしていなかったから、自分が丁重に扱われていると感じたというわけだ。

小田島から学んだこと

翌日――。

いつものように房に迎えに行った俺は、小田島との間に前日よりも打ち解けた雰囲気があると感じた。

「どう？　教えてよ。幽霊は見たことある？　気になるんだ」

「ないよ。そんなもの出るわけないだろう」

「そうか。まあ、そうだよな」

そんな会話を手始めにしていると、小田島は自分からこう言ってきたのである。

「ところで、取調べはしなくていいのか？」

千葉県警での取調べでは「完黙」を貫いていた小田島に、気持ちの変化が確かに生じてきていたのだ。

俺が注目したのは、小田島の「気持ちの変化」の中に「刑事を困らせたくない」という思いが窺えたことだった。

　俺が「どうせ死刑だからと言われたら、こっちは手も足も出せないからな」と返すと、小田島は「それだと評判落とすんだろ？」と自ら言い出したのである。競馬とパチンコとフィリピンパブの話をするうちに、小田島の中に「ポライト状態」が生じていたのだ。

「そりゃあ、少しは話して欲しいよ。上申書の1、2枚書いてくれれば、俺の面目は立つからさ」

「分かった。何を書いて欲しいんだ？」

「そうだな。現場に落としていった手袋の形状はどうだ？　証拠と供述が一致すればオーケーだから」

「分かった」

　そうして小田島が描いたのが、目黒の歯科医強盗殺人事件で唯一、現場に落ちていた手袋の形状だったのだ。

　小田島の供述は詳細なもので、軍手が「布製」でゴムのツブツブがついている「粒状」であることも上申書には記された。それは実際に残されていた軍手とぴったり合っていたので、間違いなく証拠になる。

「あーあ、書いちゃった。弁護士に怒られるな」

　と、小田島は言っていた。

俺はこの取調べの成果がついに出たことに心の中で喜んだ。

何しろ相手は千葉県警で黙秘を貫いた死刑囚である。しかも、ほとんど「事件」について聞くことなしに、小田島の方から上申書を書くという申し出があった。これから先、自分のペースで取調べができるという手応えを感じた。

「助かるよ。ありがとう」

素直にそう伝えると、小田島はこんなことを言った。

「いいよ。俺も最後に感謝される人間になれたかな。ま、そんなことはねえか」

ただ、この手袋の上申書については翌日、ちょっとした問題が起こった。小田島の上申書の絵には手の指が6本描かれていたからだ。綿貫係長から「あれ？　誠ちゃん。これ、指が6本なんだけど」と言われて初めて気づいた。

だが、このミスがもう一枚の上申書へと繋がることになる。

翌日、小田島に上申書を書き直してもらうとき、俺はあくまでも「冗談」を言うような感じで、こう水を向けてみた。

「俺もぜんぜん気づかなかったよ。でも、指の本数を間違った罪滅ぼしにもう一枚（上申書を）書いたらどうだ？」

驚くべきことに、小田島はその提案を承諾した。

「何を書けばいい？」

「そうだな。医者を刺したナイフの形状はどうだ」

「弁護士に怒られるな……」

小田島がそう言いながら書いたナイフの絵は、とても鋭利なサバイバルタイプのものだった。その絵をもとに同じようなナイフを探して写真を撮って見せると、小田島は「これと同じやつだ」と供述した。

小田島が描いたナイフの絵を検事に見せたところ、

「すごいね。これは殺意が出るね」

と、言った。

凶器となったナイフについては捜索が行われたのだが、物は出てこなかった。しかし、自ら描いたナイフの鋭利さが小田島の「殺意」の証明になった。これによって、軍手という「証拠」と「殺意」の両方が揃ったため、目黒の歯科医殺しは小田島の犯行であると立証に有効な証拠となった。

さらに驚いたのは、小田島の供述がそれだけに留まらなかったことだ。

1枚目の上申書を書いた後、取調べはこちらのペースで進むようになったのだが、競馬やパチンコの話題を再び交えながら調べを続けていく中で、小田島は30～40件に及ぶ空き巣の上申書を書いたのだ。

これには窃盗を担当する立会人の刑事も大喜びで、小田島に対して感謝の意を述べていたほどだった。

そして、取調べの最終日を迎えた。

小田島は「別れの餞別として、もう一枚上申書を書いてやるよ」と言い、歯科医をなぜ犯行のターゲットに選んだのかを供述した。それは「電話帳の最初に名前があったから」という理由で、小田島の凶悪さをあらためて俺は実感した。

この取調べの成果に驚いたのが、「完黙」を貫かれた千葉県警の面々だったことは言うまでもない。彼らは警視庁までやってきて、「どんな取調べをしたんですか？」としきりに聞いてきた。

だが、実際の取調べはこれまで説明してきた通りのもので、会話の9割は競馬やパチンコ、女の話題などで「雑談」をしていただけだ。雰囲気も共通の趣味を持つ友人同士のもののようで、事件については全く聞かなかったと言ってもいい。俺と打ち解けた小田島は目の前にいる刑事を困らせないために、自ら「上申書を書く」と言い始めたのだった。

だが、千葉県警の刑事に「競馬とパチンコの話をしただけ」と言うわけにもいかず、俺は何とも返答に困ったものだった。

俺は取調べの最後の日、小田島にこう聞いた。

「どうして喋ってくれたんだ？」

この問いに返ってきたのが、次のような言葉だった。

「刑事さんは朝、ちゃんと迎えに来てくれたし、房に入るときも最後まで見届けてくれたから」

千葉県警の取調べでは、調べ官はただ座っているだけで、終わった時も「おい、下げろ」「おい、看守を呼べ」などと言うだけだったという。検事も同様の態度で「愛情がねえんだ、あいつらには」と小田島は吐き捨てるように言っていた。

小田島は言った。

「千葉県警のあの態度は気に入らなかった。刑事さんは俺の友達みたいに喋ってくれた」

刑事であっても偉そうに振る舞わず、小田島を一人の「人間」として俺は扱った。小田島はどうやら、そんな俺と一緒に調べ室にいる時間が楽しかったようなのだ。だから、最後に俺の役に立ちたいと思ったのだろう。文字通り「ポライト状態」となったのだ（奴は4人を殺した凶悪犯なので、俺に「愛情」を感じていたのだとすれば、何とも言えない気持ちにもなるが……）。

小田島の取調べによって、俺は犯罪者の心理というものの多くを学んだ。

被疑者と対面したり、取調べを行ったりする際は、「笑い」を絶やさないこと。そして、ときにはユーモアを交えながら、最初は雑談に終始して「土台」を作ること。単刀直入な質問は避け、相手に気持ちよく話をさせる中で「ポライト状態」を作り出していくこと。小田島との対峙を通じて、俺は自分流の取調べのスタイルを確立したと思っている。

最終章

2024年 遺族

検察に出した「陳述書」

２０２４年3月5日、俺は自ら記した「陳述書」を、遺族側の弁護士さんを介して東京地方検察庁に提出した。

元刑事として検察に陳述書を出す日が来るなんて、在職中は思ってもいなかった。

「週刊文春」が「木原事件」の報道を始めた２０２３年7月以降、記者会見をしたことも相まって、一介の元刑事だった俺は、にわかに注目される存在になった。同時に、安田種雄さんの遺族——とりわけ父親と次姉——も、積極的にメディアに登場し、捜査を再開してほしいと切に訴え続けた。

当初、この事件について、テレビや新聞はほとんど報じなかった。逆に、インターネットメディアの力を俺は見せつけられた気がした。

沈黙する大手メディアとは対照的に、例えばYouTubeを通じて、多くのユーチューバーが事件に関する考察や見解、さらにメディア顔負けの独自の調査結果などを発信していたからだ。

こうした地道な声が積み重なり、多くの人が「木原事件」に関心を寄せるようになっていき、種雄さんの遺族を後押しする声も増えていった。

そんななか、２０２３年10月18日、ついに種雄さんの遺族は当初の捜査を担当した警視庁大塚署に「告訴状」を提出した。

告訴人は種雄さんの父と母、姉2人の計4人。告訴趣旨は「殺人罪」で、被疑者にあたる被告訴人は「不詳」。遺族代理人の勝部環震弁護士によれば、

「やはり事件当時のことを一番知っているのは大塚署です」

とのことで、検察ではなく、警察に提出することにしたという。

そして10月25日、警視庁は種雄さんの遺族が提出した告訴状を正式に受理し、捜査は再開されることになった。

この一報を聞いたとき、俺は正直ほっとした気持ちになった。遺族の精神的な安定を第一に考えるならば、良い出来事だと思ったからだ。

ようやく第一歩だ、と。

その直後に「週刊文春」の取材を受けた際には、こうも話した。

「そもそも、この事件は〝絶対に捜査を尽くさないといけない事件〟だ。告訴を受けた以上、警察には全件送致主義（全ての事件が検察官に送致されるという原則）がある。時間がかかるかもしれないが、警察は丁寧に捜査をやっていくしかない」

だが、俺の期待はあっけなく裏切られることになった。

告訴状の受理からわずか50日余りの12月15日、警視庁は「事件性なし」として東京地検に書類を送付したのである。

この暴挙には俺も頭にきた。

事件については資料が膨大にある。それを丹念に読み込むだけで少なくとも1カ月はかかるだろう。

また、本気で再び捜査をするならば、２０１８年の捜査員に話を聞くべきだ。しかし、俺のところには一切連絡はなかった。

「週刊文春」の記事によれば、種雄さんの遺族に対し、捜査一課の担当者からはこう回答があったという。

〈「具体的な内容はお答えは差し控えますが、『所要の捜査は行った』ということです。事件の発生以来、所要の捜査を行って収集された証拠を精査した結果、事件性は認められなかった」〉

わずか50日余りで警察としての捜査を終わらせ、「事件性なし」と結論付けようとするなんて、時期尚早もいいところである。いや、やっていることが滅茶苦茶だと言ってもいい。警視庁捜査一課で18年もの間働いてきた人間として、俺は心の底から「恥ずかしい」と思った。

事件は検察の手中に移った。

そこで俺は、実際に捜査にかかわった人間として、自ら陳述書を作成し、本書で記してきたような事件の経緯や証拠や関係者の供述について、検察に直訴することにしたのだ。

こうした手段を取ることは、急に思いついたことではない。2023年7月に記者会見を行った時から、来るべき時が来たら、陳述書を作成して真実を明らかにするつもりだった。事件を手がけた刑事が供述することが一番いい方法であることは間違いないからだ。

俺は陳述書にこう書いた。

〈当時の書類、証拠や現場の写真などを精査しても、自殺と認定するような物は何一つなかったし、明らかに他殺であるという証拠が多数残っていた〉

〈安田種雄さんの怪死事件は平成30年当時の捜査においては、捜査一課長を筆頭に、理事官、管理官、係長など幹部はもちろん末端の捜査員に至るまで、誰一人として「自殺」などと考える者はいなかった〉

〈本当に、このように殺人を隠蔽したり、事件性は無いなどと決定して事件を検察庁に送付したのであれば、露木（康浩）警察庁長官や国府田（剛）捜査一課長（当時）は、犯人隠避罪に抵触し、事件を送付した大塚警察署長は虚偽公文書作成及び同行使罪に抵触する可能性があるものと考えています〉

もう一人の提出者

実は、検察に陳述書を提出したのは俺だけではない。他にもう一人いる。

藪田慎二氏（仮名）である。

藪田氏は、X子と当時恋人関係にあったYと東京拘置所の雑居房で5カ月間、同室だった元受刑者だ。

種雄さんが亡くなった直後、X子が「刺しちゃった」などと言ってYを呼び出したことは、すでに書いてきた通りである。

Yは事件後の2006年に覚醒剤取締法違反の疑いで逮捕されており、東京拘置所に勾留されたが、そこで同室だったのが同じく覚醒剤取締法違反で逮捕された藪田氏だった。藪田氏の証言は、俺が実名で告発した「週刊文春」の記事にも掲載されている。

俺は今回、藪田氏の陳述書作成にも立ち会い、彼が当時Yから聞いていた事件の経緯を改めて確認した。

藪田氏はこう記している。

〈私は、昨年、YouTubeや週刊文春が「木原事件」あるいは「安田種雄氏不審死事件」という事件を報じているのを知り、Y（陳述書では実名。以下同）がかつて房で話していた事案と非常によく似た事案であったことから興味を持ち、いろいろ調べていると、「Y」と呼ばれている人物が実際にY本人であることを知りました。そして、「X子」と呼ばれている人物が、Yが当時話していたYの彼女のことであると知りました。

そのため、私は、週刊文春に連絡をし、取材を受けました。なぜ私がこのような連絡をしたかと言うと、私自身週刊文春が知らないことを知っていると思いましたし、その事件

は誰が見ても殺人事件であり、これが警察により自殺として処理されることは絶対に許されないと思ったからです〉

藪田氏はYから聞いた話を詳細に記憶していた。

〈Yは、私に対し、「実は、おれが付き合っていた彼女はある殺人事件にかかわっていたんだ」「この事件は殺人事件だけど、警察は自殺として処理しているんだ。だから、完全犯罪なんだ」と言っていました。

また、この殺人事件の凶器について、Yは、「ボールペンで刺したんだ」と言っていました。

この内容は週刊文春が報じている内容とは異なっており、なぜYが「ボールペン」と言ったのかは私にはわかりません。

Yは、この殺人事件について、上記のようなことを、私を含む同房の人間に何度も言っていました〉

そして、こう綴《つづ》ったのだった。

〈令和の世の中にもなって殺人事件を自殺と処理するなどといったことが許されて良いわけはありませんし、まして、警察の都合でそのような処理をするなどはもっての他です。

この事件については徹底した真相解明がなされるべきだと思っています〉

警察官の倫理観

何度でも言うが、２０１８年の捜査に携わった者として、この件に「事件性がない」というのはあり得ない。このまま有耶無耶にして闇に葬ろうとするのは、警察の存在意義にかかわる重大な背任行為だと俺は考えている。交通違反をもみ消すのとはレベルが違うのだ。

俺が捜査一課で刑事として働いていたとき、仲間の捜査員たちは、被害者や遺族のために生命を削るような捜査を必死でやっていた。

「心を痛めている方や犯罪で日常を奪われた方のために働くこと」

これが、本来警察官が抱くべき理念・倫理観だと俺は考えている。

翻《ひるがえ》って「木原事件」の状況はどうだろうか。被害者や遺族を第一に考えた捜査になっていたと胸を張って言えるだろうか。安田種雄さんと遺族に対し、礼儀や礼節を欠いた対応になっていなかったか。あまりにも不誠実な対応ではなかったか。

同じ釜の飯を食った仲間でもある現役刑事たちの中にも、俺と同じような考えを持っている者は大勢いると思う。

陳述書の末尾に、俺はこう書いた。

〈曲がりなりにも警察官であれば、悲しむ遺族や亡くなった被害者のことを真剣に、警察官らしく考えてもらいたいと感じているのです〉

検察官が俺の陳述書を読んで、どう判断するかはわからない。だが、きっと公正な判断をしてくれるものと信じている。

最後に、このことだけははっきりと記しておきたい。

不自然に中断された捜査がしっかりと尽くされ、ホンボシが明らかになるその日まで、「木原事件」が終わることはないのだ、と。

佐藤誠（さとう・まこと）
警視庁捜査一課殺人犯捜査第一係、通称「サツイチ」の元警部補。1983年、警視庁に入庁。2004年に捜査一課に配属された。数多くの殺人犯と対峙し、〝伝説の落とし屋〟との異名をとる。「木原事件」では木原誠二氏の妻・X子さんの取調べを担当した。2022年に退官。

ホンボシ

木《き》原《はら》事《じ》件《けん》と俺《おれ》の捜《そう》査《さ》秘《ひ》録《ろく》

2024年6月30日　第1刷発行

著　者　佐藤《さとう》　誠《まこと》
発行者　大松芳男
発行所　株式会社　文藝春秋
〒102-8008 東京都千代田区紀尾井町3-23
電　話　03-3265-1211
印　刷
製　本　TOPPAN株式会社
組　版　明昌堂

ISBN978-4-16-391864-8　　Printed in Japan